JN115118

二元的犯罪論序説

［補訂2版］

鈴木茂嗣 著

成文堂

補訂 2 版はしがき

　『二元的犯罪論序説』を公にしてから、早くも 7 年の月日を経た。その間、脳梗塞で左半身不随となるなどの災難に見舞われたが (2020 年)、二元的犯罪論のあり方については常にあれこれ思考を重ねてきた。その成果を踏まえて 2019 年、本書に 1 回目の補訂を行ったが、今回さらに最終章として、第 5 章「二元的犯罪論による伝統的犯罪論の超克」を加えることによって、現行法下での二元的犯罪論の具体的展開のあり方やその理論的実益 (検討すべき真の論点の摘示) に一定の道筋を示そうとした。これにより、本書は「序説」の域を脱しえたとひそかに考えているが、今後ともこの「二元的犯罪論」のより一層の洗練に努めていきたい。

　本書の刊行については、成文堂社長阿部成一氏からいつもながらの暖かいご配慮を頂き、また具体的編集作業については、旧著に引き続き編集部の篠崎雄彦氏のお世話になった。ともに、心から感謝申し上げたい。

　2022 年 9 月

鈴　木　茂　嗣

補訂版はしがき

　本書初版を公にしたのは、平成27年11月である。時は移り今や令和の時代を迎えることになった。この間も二元的犯罪論の体系化について、筆者は引き続き思索を重ねてきた。その結果を踏まえて第1章の5bに大幅な補正を加えた。そして実体要件事実と認定要件事実の関係、また後者の構成要件事実と阻却要件事実への振分けについてその全体像を示し、体系化へのさらなる努力をしてみたのが本補訂版である。これに対応して、その他の章節の文章にも若干の補正を加えている。これにより私見の意図するところが、より鮮明になったとすれば幸いである。

　2019年10月吉日

鈴　木　茂　嗣

初版はしがき

　本書は、近時様々な機会に少しずつ角度を変えながら執筆した諸論稿によって、著者年来の主張である「二元的犯罪論」の骨子を示そうとするものである。後掲の「収録論文初出一覧」に掲げた4つの論稿から構成されている。

　論稿①（第1章）は、「刑法学、刑訴法学、そして犯罪論」と題して、著者の日本学士院会員選定を記念して2014年6月京都で開催された刑法読書会において行った講演を基にした論稿である。当日は伝統的犯罪論体系を是とし、かねてから私見に批判的な立場をとってきた浅田和茂立命館大学教授から私見全体にわたり懇切なコメントを頂戴した。そこで、問題点ごとにそのコメントに応答する内容の脚注を付すことによって、伝統的犯罪論との考え方の違いを具体的に明らかにしつつ、「二元的犯罪論」構想の全体像を示そうとしたものである。

　論稿②（第2章）は、山本正樹教授ほかの定年退職を記念する『近畿大学法学』（2015年3月刊行）に寄稿した論稿であり、二元的犯罪論の骨格をなす「犯罪評価」とその「要件事実」を主題として、暗黙のうちに犯罪評価をすべて「行為」自体を対象とする評価と解している伝統的犯罪論を批判的に取り上げ、「要件事実」論の適切な展開のためには「犯罪評価」自体についてのより綿密な理論的検討が必要であることを示そうとしたものである。

　論稿③（第3章）は、本書のために新たに書き下ろした論稿であり、新カント派認識論哲学を前提とした伝統的犯罪論の根幹を揺るがす

「存在論」的行為論としてヴェルツェル等によってドイツで展開され、わが国でも著者の恩師平場安治博士をはじめ、これに従いあるいはその影響を受けて犯罪論を展開する有力な論者がみられた「目的的行為論」を、団藤重光博士の「主体性の理論」とともに取り上げ、犯罪論におけるそれらの理論的意義は、法規範が不許容とする犯罪の行為論にあるのではなく、むしろ法規範が期待する違法行為回避の行為論にあるとしつつ、行為責任主義に徹して「責任要件事実」論の理論的体系化をめざしたものである。

　論稿④（第4章）は、2015年1月に日本学士院で行った「犯罪論の体系について」と題する論文報告を基にした論稿であり、二元的犯罪論への転換を阻む「構成要件論」について、あらためてドイツにおけるその起源に遡って検討を加え、犯罪論のコペルニクス的転回を実現したとされるベーリングの構成要件論の功罪を明らかにするとともに、その転回を犯罪の「性質論」へと復元して「構成要件論なき刑法学」をめざしつつ、刑法学と刑訴法学の共同作業の場としての犯罪論を展開する必要性と、その理論的意義について示そうとしたものである。

　犯罪論における性質論と認識論の峻別については、すでに拙著『刑法総論［第2版］』（2011年、成文堂）や『犯罪論の基本構造』（2012年、成文堂）において強調したところである。しかしそこでは、犯罪の認識論が刑法総論の直接の対象でないことについて、必ずしも明確な体系的位置づけがなされていなかった。この点の理論的不明確さを解消し、犯罪論における刑法学と刑訴法学の役割分担を明らかにしようというのが、今回とくに本書を編む理由の一つである。

　以上が本書の構成である。その性格上、各章節に他章節と重複する部分もあるが、とくに調整はしていない。もっとも、論述の趣旨

や全体的な関連性を明らかにするため、各章節の表題に原論文の表題と異なる表現を用いたり、本文を補完し脚注を補充したりしている箇所が若干あることを、お断わりしておきたい。

　本書は犯罪論に関する一種のパラダイム転換をめざすものである。したがって伝統的犯罪論の側からは、おそらく引き続き厳しい批判が寄せられるであろう。しかし、それを糧に著者自身さらに思索を深めることができれば有難いとの思いで、あえて本書を世に問うことにした。

　本書の基礎には、ともに成文堂のお世話になった拙著『刑法総論』（初版・2001 年、第 2 版・2011 年）、『犯罪論の基本構造』（2012 年）などでの考究がある。長きにわたる阿部耕一会長、阿部成一社長、故土子三男取締役はじめ成文堂の皆様のご厚意に、心から感謝している。また本書の編集については、とくに篠崎雄彦氏のお世話になった。記して謝意を表したい。

　2015 年 10 月吉日

鈴　木　茂　嗣

収録論文初出一覧

目　　次

第1章

二元的犯罪論概説
——伝統的犯罪論との比較——

1　はじめに

　筆者は、研究者の道に進んで以来、刑訴法学を中心に研究を続けてきた[1]。しかし、昭和の終わり頃より、その学問的関心は「刑事訴訟法学」(以下、「刑訴法学」という)から「刑法学」へと徐々に移行した。そして現在は、実体刑法と刑訴法を架橋する総合的な犯罪論の構築に力を注いでいる[2]。それは、いわば犯罪論の「パラダイム転換」をめざすものであり[3]、伝統的刑法学者からは批判を受けることが多く、孤軍奮闘しているのが実情である。しかし、「二元的犯罪論」の正当性については、近時ますます確信を深めている。以下、細部の詰めはなお残しているものの、ほぼ基本的枠組みが出来上がった私見の骨子を明らかにしたい。

　「犯罪」概念は、現行法上、刑法でも刑訴法(刑事訴訟法)でも問題とされている。「刑法」は、「犯罪」を法律要件とし「刑罰」を法律効果とする「制裁規範」だとされてきたし、刑法学は「犯罪」と「刑罰」に関する「法学」だとされてきた。そして、一般に犯罪は、刑法学上「構成要件該当の違法・有責な行為」だと定義されている。他方で「刑訴法」でも、起訴状には「罪となるべき事実」を記載すべきものとされ(刑訴§256Ⅲ)、また有罪判決にはその理由として、

---

[1]　本稿は、2014年6月7日、刑法読書会において行った講演の原稿をもとに作成したものである。講演当日には、立命館大学浅田和茂教授、神戸大学小田直樹・宇藤崇両教授など3名のコメンテーターから、私見につきコメントをいただいた。とくに論点ごとになされた浅田教授のコメントは、私見の趣旨を明らかにする意味で貴重なものと思われるので、以下、該当部分に注を付し、当日の浅田レジュメから「浅田コメント」として引用するとともに、これに対する筆者の見解を明らかにしたい。

同じく「罪となるべき事実」を記載しなければならないとされている（刑訴§335Ⅰ）。

　要するに、刑法学も刑訴法学も、ともにそれぞれの領域で犯罪論（犯罪行為をどうみるかの議論）を展開する必要があるといわねばならない。もっとも、伝統的に「犯罪論」は、刑法学の一分野であるか

2　このような変化には、さまざまな契機がある。そのうち最も大きいのは、全国的研究会「刑法理論史研究会」で宮本博士の刑事法理論を担当し（鈴木「宮本英脩の刑法理論」法律時報51巻3号（1978（昭和53）年参照、後に宮本の刑訴法理論について補筆のうえ、吉川経夫ほか編『刑法理論史の総合的研究』（1994（平成6）年、日本評論社）425頁以下に収録）、また1984年から95年にかけて成文堂から出版された『宮本英脩博士著作集』の編集作業に携わったことである。これらを契機に、犯罪の性質論に徹した宮本刑法学の方法論に魅せられることになった。また、同著作集の出版を陰ながら成文堂に働きかけて下さった故中野次雄判事の二元的犯罪論の試みも、視点は異なるものの犯罪の性質論と認定論を峻別する私見を深めるうえで大いに示唆的であった。また、筆者の刑事法関係の論文集はすべて成文堂のお世話になっている。その意味で、私見の形成にとって成文堂の存在は不可欠のものであった。中でも当時編集長であった後の同社取締役故土子三男氏には、大変お世話になった。同氏は刑法読書会の機関誌である本誌『犯罪と刑罰』の発刊にも力を尽くされた。それゆえ、本稿を本誌に寄稿する機会に恵まれたことは、筆者にとって大きな喜びである。にもかかわらず、病気療養中のところ同氏が2014年5月に急逝され、本稿を直接お目に掛けえないことを大変残念に思う。謹んで土子三男氏の霊に本稿を捧げたい。

3　浅田コメント：それ自体は注目すべき問題提起であり、それが成功しているか否かが問題。→　鈴木コメント：とくに異論はない。

4　浅田コメント：刑法は犯罪と刑罰に関する法であるから、刑法学は「犯罪論」と「刑罰論」から成るという方が分かりやすい。刑法は実体法、刑事訴訟法は手続法であって、両者で「犯罪」が異なるわけではない。→　鈴木コメント：私見も刑法学が「犯罪論」と「刑罰論」とから成ることを否定しているわけではない。その犯罪論（刑法学的犯罪論）が犯罪の性質論であるべきことを主張しているだけである。また、「犯罪」が刑法と刑事訴訟法とで異なるとしているわけでもない。両法で同じ「犯罪」を見る場合にもその視点が異なり、それに応じて「犯罪」の定義も異なりうると主張しているにすぎない。

のように扱われてきた。しかし、犯罪論が刑法学の一分野をなすのではなく、むしろ刑法学は犯罪論の一側面の解明を担当するにすぎないと解することこそ必要ではないか。これが、筆者の基本的な問題提起である[4]。

2　犯罪の性質論と認識論

　要するに、犯罪論は「刑事法学」の対象として多面的に検討されるべきである。それでは、刑事法学としての刑法学と刑訴法学は、それぞれどのようにその役割を分担すべきか。刑法は、「処罰」という法律効果を発生させるための法律要件である「犯罪」とはどのような行為かを定めるものと解される。それゆえ「刑法学」は、「犯罪とは何か」すなわち犯罪の「性質」の解明をその本来の任務とすべきである。すなわち、刑事訴訟手続を経て認識されるべき犯罪（あるいは認識された犯罪）とはいかなる行為であるべきか、を明らかにするのが「刑法学」の課題だといってよい。これに対して、刑訴法は、刑事訴訟手続上そのような犯罪の存否をいかにして認識・認定するかの手順・手続を定めるものである。それゆえ「刑訴法学」は、犯罪の「認定」論をその本来的任務とする。そして、犯罪の「認定論」とは、刑事訴訟手続上の犯罪の「認識論」にほかならない[5]。

　しかし、伝統的に刑法学上の犯罪論は、犯罪の「認識論」だとされてきた。たとえば、団藤重光の犯罪論は、次のように始まる。すなわち、「ある社会的事象は、構成要件該当の判断を受けるとき、はじめて刑法的な意味の世界に立ち現れることになる。定型的・抽象的に構成要件に該当する行為が必ずしも具体的に違法・有責であるとはかぎらないが、逆に、定型的・抽象的に構成要件に該当する行

為でない限り、それが違法・有責であるかどうかを問題とする余地はない。」と（団藤重光『刑法綱要総論・第3版』（1990（平成2）年）122頁）。これは、犯罪の性質を端的に問題とするというより、どうやって犯罪の存否を確認していくかという認識論ないし認定論的な発想に立つ説明といえよう。

　また、団藤の弟子である大塚仁は、従来日独で展開されてきた犯罪論体系を6つの類型に大別したうえで、「構成要件該当性・違法性・責任」という体系が、「思考、判断の論理性、経済性に適合するとともに、刑事裁判における犯罪認定の具体的過程にも沿う」ものとして、理論的に正当だとしている（大塚仁『刑法概説（総論）第4版』（2008（平成20）年）110～116頁）。

　平野龍一も、「認定論」的犯罪論を意識的に推進しようとした。すなわち、犯罪論の体系は、「裁判官の思考を整理し、その判断を統制するための手段として存在する」とする（平野龍一『刑法・総論Ⅰ』（1972

5　浅田コメント：犯罪の「性質」を明らかにすることと、犯罪とは何かを認識するためにその成立要件を明らかにすることとは、同じか、少なくとも矛盾しない。犯罪の「認識論」と刑事手続上の「認定論」とは明らかに異なる。このことは前者が事実自明型、後者が事実解明型とする鈴木説に合致する。→　鈴木コメント：私見で「認識論」として問題としている「認識」は、「犯罪とは何か」（犯罪の性質）の認識ではなく、一定の成立要件を満たす「犯罪」行為存在の認識である。以下に本文で取り上げている各論者の見解は、私見にいう犯罪の認識論を問題としていることは明らかであろう。この点について詳しくは、鈴木『犯罪論の基本構造』（2012年、成文堂）47～147頁参照。犯罪の性質の認識問題と犯罪的性質を有する行為存否の認識問題とは、同一ではない。他方浅田のいうように、犯罪の性質を明らかにすることは、犯罪の成立要件を明らかにすることと同義である。私見は、刑法学的犯罪論は、犯罪存在の認識を論じるのではなく、「犯罪とは何か」（犯罪の性質）の認識を検討課題とすべきだとするものであって、浅田のいう認識論に異議を唱えているわけではない。浅田のコメントは、私見の意図するところとはすれ違っており、私見に対する批判だとすれば、的確なコメントとはいえない。なお、後掲注6対応の本文参照。

（昭和 47）年）88〜90頁）。

　さらに関西に目を移せば、瀧川幸辰の弟子である中山研一も、犯罪論のあり方として、犯罪とは何かという「本質的特徴の分析アプローチ」と、いかにして犯罪を認定していくかという「認定論の思考順序を明らかにするというアプローチ」とがあるが、両者とも必要であり、その結合と関連のさせ方が問題だとしつつも、結局は、「構造論や本質論は認定論のためにこそあるといわねばならない。」としている（中山研一『刑法総論』（1982（昭和57）年）110〜111頁、120頁）。

　このような傾向は、その後の世代の刑法学者にも共通して見られるところである。中山研一の教えを受けた浅田和茂は、二元的犯罪論体系を提唱する私見を批判しつつ、犯罪論は犯罪の認識論であるべきだと明言する（浅田和茂「拙著『刑法総論［犯罪論］』書評」犯罪と刑罰16号（2004（平成16）年）125頁）。また、体系論を重視し刑法総論の浩瀚な体系書を著した山中敬一も同様に私見に反対し、犯罪の「実践的認識システム」の解明をおこなうのが「犯罪論」だとする（山中敬一『刑法総論［第2版］』（2008（平成20）年）117〜122頁）。

　このようにして、犯罪論は犯罪の「認識論」であるというのが、現在も刑法学界における定説である。正面切ってこれに反対する見解は、皆無といってよい。しかし、それぞれその「認識論」が、いかなる「場」を想定した認識論であるかは判然としない。刑法学のみならず刑訴法学にも堪能だった団藤博士や平野博士までもが、刑法学的犯罪論を犯罪の認識論ないし認定論とみていたのはなぜだったのか。これは、筆者にとってまさに学問上の「謎」の一つである。

　ところで上記浅田は、犯罪論で目指すべきは犯罪の「認定論」ではなく「認識論」だととくに断っている（浅田和茂『刑法総論［補正版］』（2007（平成19）年）96頁）。しかし、認識論を展開するのであれば、訴

訟手続上の認識論すなわち「認定論」に役立つ認識論であって、はじめて実践的な意味をもつといえよう。刑事訴訟上の犯罪認識論である犯罪の「認定論」に役立つことのない認識論は、無意味である。犯罪の「認識論」は刑訴法学的犯罪論の検討に任せ、それに先立って犯罪の「性質論」を展開することこそ、刑法学的犯罪論に課せられた任務といわねばならない。もっとも、浅田は、犯罪論体系は「犯罪とは何か」を合理的に認識するためにあるともしている。そうだとすると、浅田が問題とするのは、犯罪の性質（「犯罪とは何か」）自体を知ろうとする者（たとえば、刑法学者や法学生。）の「認識」であるかのようでもある（たとえば、大学で学生に犯罪の性質をよりよく認識・理解させるためには、どのような体系で犯罪論を展開するのが妥当かという問題。）。もしそうであれば、私見にいう性質論と認識・認定論の区別とは、まったく別次元の認識論が問題とされているということになる（議論の擦れ違い）[6]。もっとも浅田も、伝統的犯罪論体系が私見にいう「認識論」的体系であること自体は認めており（浅田・前掲論文・犯罪と刑罰16号24頁参照）、「認識」概念の用法に混乱があるといってよい。私見も、「犯罪論体系」が「犯罪とは何か」を合理的に認識する（知る）ためのものであること自体を否定するものではない。否、むしろその発想を徹底すべきだとしているにすぎないのである。「犯罪とは何か」論とは、犯罪の「性質論」に他ならない。

　また山中は、犯罪の「実践的認識システム」の解明を目指すべきだとする。しかし、刑法ではなく刑事訴訟法こそ、「法制度」としての実践的犯罪認識システムである刑事訴訟手続の構築を目指すものといえよう。かかる認識システムの解明は、刑法学的犯罪論ではな

---

[6]　注5参照。

く刑訴法学的犯罪論に委ねるのが妥当である。

　ところで、刑訴法§335Ⅰは、「罪となるべき事実」を有罪判決の理由として常に示すことを要求している。これに対して、法律上「犯罪の成立を妨げる理由……となる事実」については、当事者から主張があったときにこれに対する判断を示せばよいとする（刑訴§335Ⅱ）。そして、前者に対応して、起訴状にも必ず「罪となるべき事実」を特定して記載することが要求されている（刑訴§256Ⅲ）。ここに「犯罪の成立を妨げる理由となる事実」とは、正当防衛（刑§36）、緊急避難（刑§37）、心神喪失（責任無能力。刑§39）等のいわゆる「阻却事由」に該当する事実を指すことは、明らかであろう。これを犯罪の「阻却要件事実」と呼ぶなら、「罪となるべき事実」は、むしろ犯罪の「構成要件事実」と呼んでこれと区別するのが簡明である（積極的な「構成」と消極的な「阻却」という対比）。阻却要件事実は例外的事実であるから、構成要件事実が存在すれば、特段の事情がない限り、犯罪が成立すると推定（いわゆる「許容的推定」）できる。有罪判決理由において構成要件事実と阻却要件事実が異なった扱いを受けるのは、この点に根拠があるといえよう[7]。

　「認定論」の観点から犯罪をみれば、「犯罪」とは「構成要件に該当し、阻却要件には該当しない行為」あるいは「構成要件事実を伴い、かつ阻却要件事実を伴うことがない行為」ということになる（犯罪の事実的特徴）。「構成要件」は、伝統的に「刑法学」上の基本概念とされてきたが、むしろ「刑訴法学」上の基本概念として再構成すべきものといえよう。

　他方、「刑法」は、殺人罪であれば「人を殺した」者は死刑等の刑罰に処するという形で犯罪を特定している（刑§199）。伝統的に「犯罪」は、「構成要件該当の違法・有責な行為」だとされているものの、

違法性や有責性に関しては罰則上その明示がない。しかし、これら
は刑法の総則規定の解釈によって導かれる評価であり、かついかな
る犯罪についても共通に問題となる要件であるから、煩雑さを避け、
当然の前提として明示されていないだけだと解される。厳密にいえ
ば、「人を殺した」行為（刑法§199）とは、「違法・有責・当罰的に人
を殺した」行為をさすのである。そう解して、はじめて各罰条は「制
裁規範」として完結的なものとなる（「法律要件」としての完結性）。この
うち「人を殺した」という部分は、立法者がいかなる行為を犯罪と
するかを類型的に特定する部分であり、「罪刑法定主義」の要請に基
づく犯罪要素といってよい。これは、端的に「犯罪類型」（該当）性と
呼ぶことができよう。「性質論」的観点に立てば、犯罪とは「違法・
有責・当罰的で犯罪類型性を具備した行為」（犯罪の評価構造的特徴）
だということになる。刑法学は、「構成要件」概念を潔く刑訴法学に
譲り渡して認識論的「構成要件論」の重荷を下ろし、身軽になって
犯罪の「性質論」に専念すべきである。そして、構成要件に代えて
罪刑法定主義的「犯罪類型」概念を、新たに「刑法学」的犯罪論の

7　浅田コメント：刑訴法335条1項は「罪となるべき事実」と規定しているの
であるから、その用語を用いるべきで、これを「構成要件事実」と呼ぶのは紛ら
わしく、その必要もない。2項が許容的推定を意味するというのは、挙証責任の
転換を回避するものであって、異論はない。→　鈴木コメント：私見は、刑訴法
にいう「罪となるべき事実」の解釈論として、犯罪の認定に当たって正当防衛
等の「阻却」要件事実に対置されるべき「構成」的要件事実（犯罪の認定に当た
り構成的に働く事実）をその実質的内容と解すべきだとしているのである。「罪
となるべき事実」というだけでは、犯罪としての性質を有する行為が具備すべ
きすべての事実を指すことになりかねない。たとえば、正当防衛状況にない、
あるいは責任能力があるといった事実も、文言上これに該当することになろう。
「罪となるべき事実＝構成要件事実」と解することを紛らわしく思うのは、刑法
理論上のいわゆる「構成要件論」にとらわれているからであろう。

基本概念として正面から導入すべきである。

3　構成要件の認識論的性格

　以上のように考えれば、刑法学が伝統的に犯罪の認識論として展開されてきたのは、一種の「勇み足」だったといえよう。犯罪論は「刑法学の一分野」だという暗黙の前提に立つからこそ、犯罪の認識論も刑法学で検討する必要があると解されてきたのではないか。本来「刑法学」は、犯罪の「性質論」に踏みとどまりそれを深めるべきであったにもかかわらず、「認識論」にまで手を伸ばした結果、その観点からの理論的拘束を受け「性質論」が余計な理論的負担にあえいでいるのが現状である。伝統的刑法学は、いわば理論的「自縄自縛」状態にあるといってよい。その中核をなすのが、まさに「構成要件」論である。

　構成要件論の祖ベーリングは、「犯罪論」における立法者提示の「行為類型」への該当性判断の重要性と「事実判断」を前提とした評価（事実的客観的判断先行論）の必要性を鋭く指摘する一方、それらをドイツ「刑法典」上の故意の認識対象を示す「構成要件」（Tatbestand）概念と結びつけて理論化しようとした。そこから刑法学の「ねじれ現象」が始まったといえよう。前者の「行為類型論」は「罪刑法定主義」と関連させて犯罪の「性質論」として展開すれば十分な論点であり（立法者が予め犯罪として明示した行為類型に該当するか。）、また後者の判断順序論は、裁判所の犯罪認定のあり方を問題とするものとして「刑訴法学」に任せてよい論点だったのである。その著書の表題が示す通り、「犯罪の理論」に対するベーリングの問題提起は、鋭く斬新でかつ適切なものであった。いずれも、「犯罪論」（「犯罪の理

論」）にとっては不可欠の論点だったといえる。しかし、それらを刑法典上の「Tatbestand」と結びつけ、すべて「刑法学」的犯罪論の問題として処理しようとしたところに、ベーリングの理論的「勇み足」があったといわねばならない。それゆえ、基本的にベーリング理論に従うそれ以降の刑法学的犯罪論は、結局、認識論的色彩を帯びざるをえなかったのである。ベーリングは、犯罪論における必須論点の掘り起しには成功したが、その体系化には失敗したといってよい[8]。

　わが国でも「構成要件論」は犯罪の「認識論」と深く結びつけて展開されてきた。いわゆる「構成要件論」では、犯罪認識の順序（認識手続）が重視される。構成要件該当性判断は、違法・有責評価の対象たる行為を特定するためのものとされ、構成要件該当の行為に対して違法・有責の評価を順次判断していくものとして犯罪論体系が構築されている。そして、伝統的犯罪論が犯罪成立要件とする3要件（構成要件該当・違法・有責）のうち、構成要件該当性がこのように認識論的に捉えられるがゆえに、違法性・有責性の検討も主として「阻

---

[8]　浅田コメント：ベーリング以前、犯罪は「違法で有責で刑を科せられる行為」と（リンネの体系にならい一般から特殊へという構成で）定義されていた。鈴木説の基本はベーリング以前に戻れということであり、可能な1つの立場とはいえる。しかし、ベーリング以後の構成要件に該当する行為についてのみ違法性（阻却）を問題にし、構成要件に該当する違法な行為についてのみ責任を問題にするという体系は、それ以前の体系に比べてはるかに優れている。→　鈴木コメント：私見がベーリング以前の定義に戻れという主張だというコメントは、それ自体としては当たっている。しかし、それは、ベーリングが犯罪の性質として論じるべき問題を認識論的に体系化しようとしたからであって、その点では「性質論」に立ち戻り、そのうえで「刑を科せられる行為」という要件部分をさらに緻密に検討すべきだとするのが私見である。犯罪論の「体系化」に関するベーリング理論の評価については、私見と浅田説とは全く立場を異にする。

却事由」という認識論的観点から「消極的」にのみ問題とせざるを
えないことになる[9]。しかし、刑法学にとってまず必要なのは、違法
性・有責性等がなぜ犯罪の要素となるのか、またいかなる事実が違
法性や有責性という評価を基礎づけるのかという「積極的な性質論」
の展開であろう。

　犯罪の刑事法学的検討すなわち「犯罪論」にとっては、確かに犯
罪の「性質論」と「認識論」はともに不可欠である。その意味で「犯
罪論」は、ベーリングが指摘したとおり、犯罪の性質論と認識論か
ら成る「ハイブリッド理論」でなければならない。

　しかし、「刑法学」的犯罪論は、犯罪の「性質論」に特化した「サ
ラブレッド理論」でなければならない。刑訴法学的犯罪論も、同様
に犯罪論の「認定論」に特化した「サラブレッド理論」であるべき
であろう。犯罪の「性質論」と「認識論」ないし「認定論」とは、
明確に区別しつつ検討する必要があり、それを怠ると理論が混乱し
複雑化する。「構成要件論」に立つ「伝統的刑法理論」は、その意味
で重大な問題を孕んでいるといわざるを得ない。刑訴法学を専門と

---

[9]　浅田コメント：ベーリングの行為類型論は、違法性推定機能を有しない。違
法性推定機能は M. E. マイヤーの認識根拠説（違法類型論）に基づく。構成要件
の違法推定機能という構成は、構成要件に該当して違法な行為を「認識」する
ための理論構成であり（違法性が阻却されれば最初から適法とされる）、刑事手
続きにおける「認定」とは別である。→　鈴木コメント：たとえベーリングの行
為類型論が違法推定機能を有しないものであったとしても、構成要件該当性、
違法性、有責性という判断順序にこだわる体系論をとったことによって結局後
に違法推定機能との結びつきが生まれたのであり、ベーリングによる体系化は
失敗であったと考える。違法推定機能という構成が犯罪の存在を「認識」する
ための構成だとすれば、それは犯罪の「性質論」ではなく、むしろ犯罪の「認定
論」の基礎となるべき構成というべきであろう。浅田コメントには、疑問があ
る。

する者からすれば、刑訴法学で犯罪の認定論を展開するにあたって、「どのような性質の行為」を認定したらよいのかを刑法学者に端的に示してほしいというのが、まさに切実な願いなのである。そのような行為（犯罪行為）の合理的認識方法の問題は、むしろ刑訴法学者に任せるべきものといえる。

　以上の分析を前提に、まず犯罪の「性質論」から検討しよう。

4　犯罪の性質論（刑法学的犯罪論）

a．総　説

　犯罪は、「行為」に関連して一定の法的評価が妥当する場合に成立する価値関係的な存在である。それゆえ犯罪論としては、まず犯罪成立に必要な「法的評価」とはいかなるものかを論じる必要がある（評価構造論）[10]。そして、その評価は一定の「事実」が人間生活上有す

---

[10]　浅田コメント：突然「評価構造」といっても何を「評価」するのか。「評価」するには「評価の対象」がなければならない。人間の行為ないし社会的事象の中から「評価の対象を切り取るとしても、その基準が必要になる。この点で「構成要件該当事実」は適切な「評価の対象」を提供する。→　鈴木コメント：私見にいう犯罪の「性質論」とは、「何らかの形で問題とされた行為が真に犯罪といえるためには、どのような性質を有している必要があるのか」という議論である。「ある行為にいかなる性質が具備されていれば犯罪となるか」の議論だといってもよい。このような前提に立てば、評価対象となる行為は事案ごとにその問題関心に応じておのずと決まるのであり（たとえば、「訴追の対象」たる「行為」）、評価の対象をまず刑法理論上事実的行為類型で限定しておかねばならないと解する必要はない。問題となる当該行為にどのような評価が妥当すれば犯罪となるかを端的に議論すれば足りるのである。存在する種々の行為のうちから犯罪行為を見つけ出すという認識論的立場をとるからこそ、まず評価の対象として構成要件該当行為を特定すべきだとの浅田説や通説の基本発想が生まれるのだといえよう。

る意義に応じてなされるべきものであるから、その事実が何である
かも、各評価ごとに具体的な検討の課題とされねばならない（評価要
件事実論）。すなわち、刑法学の主要な任務は、犯罪の評価構造を解
明するだけでなく、訴訟手続上の「事実認定」が済めば、おのずと
「犯罪評価」の成否が判明するよう、犯罪の「評価要件事実」を解明
し、その「お膳立て」をするところにもあるといってよい。民事法
の分野では、近時いわゆる「要件事実論」が華やかであるが、刑事
法分野においても「要件事実」論は不可欠の検討課題といわねばな
らない。そして、犯罪の「評価構造」とその「評価要件事実」の検
討、これらはいずれも犯罪の「性質論」といってよい。そして、こ
こでは「評価」の順序いかんは、理論上とくに問題とはならない。
「犯罪である以上すべての評価が同時に競合的に妥当する」との前
提で、いわば「静的に」検討を進めれば足りるのである[11]。そして刑
事訴訟手続上、この評価要件事実の「存否」を明らかにするのが、
「証拠調」の目的である。

　ちなみに、この評価と評価要件事実の区別は、裁判員裁判におけ
る裁判員と裁判官の権限問題などについても、明確な基準を提供す
ることになろう。裁判員法6条1・2項によれば、事実認定、法令の

---

[11] 浅田コメント：「すべての評価が同時に妥当する」という前提で「静的に」検
討するとは、どういう意味か。体系的前後を問わないということであれば疑問
がある。→　鈴木コメント：行為類型性は罪刑法定主義の充足を示す評価であ
ると解するならば、性質論としては、違法性や有責性とともに問題の行為に同
時に妥当すべき法的評価として一定の「行為類型該当性」を考察すればよいこ
とになる。そして、違法性や有責性といった同心円的評価と違い、行為類型性
は違法性や有責性とは交差円的関係にある相互制約的評価であるから（注13
対応の本文参照）、行為の違法性や有責性を前提に行為類型性を問題としても、
逆に行為類型性を前提に違法性や有責性を問題としても、「性質論」的には体系
上の齟齬はないはずである。

適用、刑の量定については裁判官と裁判員の合議により決し、法令の解釈にかかる判断は構成裁判官の合議により決することとされている。犯罪にはいかなる評価が妥当すべきか、何がその評価要件事実であるかは、ともに法令解釈の問題であり、「当該要件事実が実際に存在したか否か」は事実認定の問題である。

　犯罪の性質をその法的評価の面から見れば、「違法・有責・当罰的で犯罪類型に該当する行為」だといってよい。すなわち、ある「行為」が犯罪とされるためには、当該行為に違法性・有責性・当罰性・犯罪類型性の 4 評価が、ともに同時に妥当している必要がある。前 2 者は「規範的評価」であり、後 2 者は「可罰的評価」である。もっとも、より厳密にいえば、「違法性」はまさに「行為」に対する評価であるのに対して、「有責性」や「当罰性」は、むしろ違法「行為」を理由とする「行為者」に対する評価であることに注意しなければならない。さらに厳密にいえば、「当罰性」は処罰主体である「国家」と処罰客体である「行為者」との間に成立する緊張「関係」に対する評価である。理論上厳密にいえば、犯罪の各評価は必ずしもその評価対象を同一にするものではないことに、十分注意しておく必要があろう[12]。

　さらに各評価の相互関係についても、留意しておく必要がある。違法性・有責性・当罰性という実質的評価は、それぞれいわば「同心円」的大小関係にある評価といえよう。当罰性は有責性を必要条件とし、有責性は違法性を必要条件とする。違法行為でない有責行為はなく、有責行為でない当罰行為もない。これに対して、これらの「実質的評価」と犯罪類型性という「類型的評価」の関係は、い

---

[12]　後掲注 17 対応の本文参照。

わば「交差円」的関係にあるといってよい。当罰的行為であっても
犯罪類型性を充足しない行為があり、犯罪類型的行為であっても当
罰性のない行為がありうる。一方が他方の「必要条件」という関係
に立つわけではない。その意味で実質的評価と類型的評価は、行為
の可罰性を基礎づける「相互制約」的評価であるといってよい。し
たがって、両評価についてその性質上とくにその順序にこだわる必
要はない。むしろ両者の相互制約性に照らせば、違法性や有責性は
犯罪類型的行為の違法性や有責性として論じ、犯罪類型性も違法・
有責・当罰的行為の犯罪類型性として論じれば、必要にして十分と
いうことになる[13]。したがって、犯罪性質論の体系としては、同心円
的関係にある実質的評価については違法性・有責性・当罰性という
順序で検討する一方、これらと犯罪類型性についてはその検討の論
理的前後関係を問う必要はない。ただ、犯罪類型は当罰行為類型で
あり、また刑罰効果との関連における可罰的評価として当罰性と共
通性を有するから、実質的評価論（当罰性論）の後に犯罪類型論を位
置づけるのが、その性質の解明という観点からは妥当と考えられる。
このようにして、私見では構成要件論に立つ認識論的体系（行為に対
する事実的行為類型性（構成要件該当性）判断を第一とし、これに違法性・有責
性という実質的価値判断を付け加えて犯罪の存在を認識するという判断順序重
視の体系）とは、全く異なる発想で刑法学的犯罪論体系を構築するこ
とになる。「性質論」における検討順序や体系は、基本的に犯罪評価
の性質を明らかにするためのものであり、具体的判断の順序を規整
するためのものではないことに注意すべきである[14]。

---

[13]　以上が、上記注 11 の浅田コメントに対する筆者の回答である。
[14]　後掲注 26 参照。

b．違法性と違法要件事実

　「違法性」とは、一定の行為が法の想定する「行為規範」に反することをいう。「事後的」に見れば、一定の法的行為規範に違反する行為が、違法行為と評価されるのだといってもよい。他方、「事前的」に見れば、違法性とは行為の法規範的「不許容性」をいうことになる。犯罪が法的「行為規範」違反の違法行為を前提としていることは、特別刑法の規定ぶりを見れば一目瞭然である。たとえば道路交通法 65 条 1 項は、「何人も、酒気を帯びて車両等を運転してはならない」との法的「行為規範」を定め、これを前提に同法 117 条の 2 の 2 で「第 65 条 1 項に違反して車両等を運転した者で、その運転をした場合において身体に政令で定める程度以上にアルコールを保有する状態にあったもの」は、「3 年以下の懲役又は 50 万円以下の罰金に処する」との「制裁規範」を定めている。同様に、刑法の殺人罪の規定（刑 §199）も、「人を殺してはならない」という行為規範を当然の前提とする制裁規範と解すべきであろう。その意味で、「制裁規範」（刑罰規範）と「行為規範」は、常に「表裏一体」の関係にある[15]。

---

[15]　浅田コメント：（違法行為の違反する規範が）「行為規範」であることを強調すれば主観的違法論（命令説）に至る。宮本説の規範的違法は、その意味で一貫している。ここで「刑法の想定する」というのは「犯罪類型」の先取りではないか。→　鈴木コメント：行為規範違反を強調すれば主観的違法論に至るというのは、いわば紋切型の批判にすぎない。主観的違法論とは、いわば責任を前提とした違法論（責任と違法の融合論）であるが、私見は「違法性」を行為規範違反性、「責任」を行為規範違反の違法行為を実行したことについての行為者の非難可能性とするものであり、私見における違法と責任の区別は明確である。違法なき責任はないが、責任なき違法はありうる。また、刑法の想定する「行為規範」は、違法行為類型を示すものであり、端的に「犯罪類型」（いかなる類型の行為が犯罪となるか）を示すものではない。刑法の想定する行為規範は決して犯罪類型を先取りするものではない。

　違法評価は、当該「規範」がどのような行為を命令・禁止しているかによって左右される。法秩序の存在理由を一定の生活利益の保護に求めるならば、「行為規範」は、法が守ろうとしている生活利益すなわち「法益」を侵害する行為を禁じるために定立されるといってよい。行為規範は、人に一定の「行為義務」（法益侵害的結果回避義務）を課す。法益侵害的結果を回避すべき義務に違反する行為（より厳密にいえば、法益侵害危険行為を回避すべき義務に違反する行為）が、「違法」と評価されるのである。それゆえ、犯罪類型該当の具体的犯罪行為についていえば、その違法性は、犯罪類型的結果の回避義務違反の違法性すなわち「犯罪類型的違法性」でなければならないということになる。

　もっとも、当該行為が他方で一定の「法益保全」にも役立つという場合には、それと「法益侵害」との利益衡量が問題となり、その衡量の結果、一定の条件（例えば、緊急状況）のもとに当該行為が例外的に許容され正当化されることがある（たとえば、正当防衛・緊急避難・正当業務行為など）。それゆえ、違法性を左右する要件事実は、主として行為のもつ「法益侵害の危険性」と「法益保全の期待性」の両事実だといってよい。前者を「違法化要件事実」、後者を「正当化要件事実」と呼んで区別することができよう[16]。

　いわゆる「構成要件論」では、行為の構成要件該当性を違法性の「存在根拠」（あるいは認識根拠）とみる見解が有力である。すなわち、「構成要件該当性」が違法性の評価要件事実であるかのように扱われてきたといってよい。のみならず、構成要件該当性は、犯罪そのものの「事実的基礎」であるかのようにも考えられている。しかし、各罰条に明示される行為類型は、立法者が処罰に値する行為を類型的に示そうとしたものであって、これを違法性や犯罪全体の要件事

実と理論上直結することには疑問がある。むしろ違法要件事実いかんは、「違法性」がどのような評価であるかの分析を通じて真正面から検討されるべき問題といえよう。伝統的犯罪論についていえば、その「構成要件」ではなく、むしろ「実質的違法性」として一般に論じられてきたところが、私見にいう違法の「要件事実」論に対応するといってよい。もっとも、「実質的違法性」という問題設定では、あたかも「評価」の次元で「違法性」自体の実質を問題とするかのような印象を与え、違法評価の「基礎」を「事実」次元で端的に問題とするという姿勢（評価要件事実論）を曖昧にするおそれがある。違法評価の要件事実は何かを、真正面から問題とすべきであろう。また、犯罪全体の要件事実（事実的基礎）を問題とするのであれば、違法性のみならず有責性や当罰性などについてもその要件事実を検討する必要がある。そしてその際、評価の「対象」と評価の「根拠」とは、厳密に区別しつつ検討する必要がある。違法性についていうならば、違法評価の「対象」は「行為」（実行行為）であり、その評価の「根拠」が「要件事実」なのである。

　また、違法の「実質論」として伝統的に「行為無価値論」と「結

16　浅田コメント：「正当化要件事実」にいう「正当化」は、（従来にいう）構成要件該当行為を正当化するのではないか。先に鈴木説は、評価規範の評価（結果無価値）は前規範的評価にすぎず、規範的違法性（行為無価値）は一般的当為（Sollen）としての規範に違反することであると述べた。これと結果無価値は「評価要件事実」に当たるとすることとの関係はどうか。→　鈴木コメント：私見も、「正当化要件事実」は「犯罪類型該当行為」を正当化すると考えている。それは、犯罪類型的行為であってもかかる要件事実があれば、違法性が最初から否定されるという意味であり、あくまで「性質論」として考察しているのである。また、結果無価値評価は、行為規範を定立するにあたっての「規範に先立つ」法の消極的評価と位置づけ、そのような評価の妥当する「結果」（ないしその危険）が、違法性の評価要件事実となると解している。

果無価値論」の対立が論じられてきた。しかし、これらを同一次元で対立的に捉える（行為無価値か、結果無価値か。）のも問題である。違法評価自体は「行為」を対象とする評価であって本来「行為無価値」判断であるが、その判断を基礎づけるのは法により無価値（厳密には「反価値」）と判断される「結果」（結果無価値）であるとして、いわば立体的に捉えるべきであろう。伝統的「結果無価値論」には、違法評価と結果無価値判断を等置する傾向がある。しかし、これでは違法性の「規範的性質」を見誤るおそれがある。たとえば、結果無価値論を強調する山中敬一は、「行為規範違反」は行為に対する指針違反であるがそれに尽きるものではないとし、行為による「法益侵害結果の惹起」によって「規範の完全な侵害」に至るとする（山中敬一「犯罪論における行為規範と制裁規範」鈴木古稀祝賀論文集・上巻（2007年）68頁）。しかし、このような発想では、行為に対する評価と結果に対する評価の区別や位置づけが曖昧となり、「行為規範」の純粋性が損なわれて議論の混乱を生むおそれがある。

c．有責性と責任要件事実

　「有責性」（責任）とは、違法行為を理由にして「行為者」に対して「非難」を加えることが可能であるとの評価、すなわち違法行為を行ったことを理由とする違法行為者の「非難可能性」をいう。もっとも、かつて主観的違法論を論破した当時にいわゆる「客観的違法論」がとっていた発想そのままに、法規範を「評価規範」と「（意思）決定規範」（あるいは規範の評価機能と決定機能）に分け、前者の評価規範違反が「違法性」であり後者の決定規範違反が「責任」であるとする見解も、今日なお根強いものがある（たとえば、山中敬一『刑法総論［第2版］』（2008（平成20）年）20頁、山口厚『刑法総論［第2版］』（2007（平

成 19) 年) 99 頁など)。しかし、有責性評価は「規範違反」自体ではな
く、規範違反行為をしたことについての行為者の「非難可能性」と
解すべきである。その意味で厳密には、有責性は「行為」に対する
評価ではなく、規範違反の違法行為の実行を理由とする「行為者」
に対する評価である。「規範」的責任とか「行為」責任主義といった
一般概念の形式的理解が、このような分析の目を曇らせているとす
れば、犯罪論にとって不幸なことといわねばならない (具体的には、
行為者状況の分析ではなく、「行為」自体の分析によって責任要件事実を解明し
ようとする傾向の誘発)[17]。

　また、そもそも「意思決定」規範 (内心的義務) を想定すること自
体、問題であろう。法は、個人の内心にまで立ち入って規制すべき
ものではない。どのような意思決定をしようと、客観的に法にかなっ
た「行為」さえしておれば違法ではない。法規範によって課される
のは一定の「行為」義務のみと解すべきである。また、制裁規範が
「評価規範」を前提とするという発想も、前述の道路交通法の制裁規
定の構造などに照らせば不要である。法「規範」としては「行為」
規範のみを想定すれば、必要にして十分である (行為責任の原則)。法
規範を評価規範と決定規範に分けるという発想も不要である。法が
「行為規範」を設定するにあたっては、人間生活に関する一定の法的
「評価」が前提になっていると解せば、理論上それで十分である。行
為「規範」の前提として法が評価「規範」をも提示しているという
発想をとる必要はない。

　有責性「評価」も、行為の事実的性質や行為に関わる行為者の事
実的諸状況によって左右される。浅田は、「規範的責任論」を純化す

---

[17]　前掲注 12 対応の本文参照。

ると責任判断が裁判官の規範的評価に尽きることになってしまうかのようにいうが（「責任は裁判官の頭の中にある」。浅田和茂「責任論」ジュリスト1348号（2008年）36頁）、必ずしもそうではない。責任評価に関しても、違法評価と同様に当然その「評価要件事実」が問題とされねばならないのである。

　違法行為をしたことを理由に行為者を非難できるのは、行為者が当該違法行為を目的的・合理的に避けようとすれば避けえた（目的合理的に回避できるのに回避しなかった）場合に限られる。伝統的に責任論で適法行為の「期待可能性」（期待可能状況）が重要な論点とされてきたことには、十分な理由がある。「適法行為」の「期待可能性」とは、より端的にいえば、違法行為者による当該「違法行為」の「回避可能性」である。行為者にとって違法行為が主体的・目的的に回避可能であった場合にのみ、その行為を理由とした行為者に対する非難が正当化・合理化される。では、違法行為を目的的・合理的に回避するためには、行為者にとってどのような状況が必要か。すなわち、非難可能性を基礎づける責任「要件事実」とは何か。

　行為者が違法行為を目的的・合理的に回避しうるためには、①自己の行為の事実的性質（とくに行為結果）の「予見可能性」、②予見された行為についての違法性の「弁識可能性」、③違法と弁識した行為を回避する行為の「決意可能性」、そして④決意された回避行為の「遂行可能性」という4つの可能性を保障する事情が、行為者に予め担保されていなければならないと解するのが合理的である。すなわち、行為者が合理的に①自己の行為の事実的性質を予見・認識し、②その事実認識に基づいて行為の違法性を弁識し、③その弁識に基づいて当該違法行為の回避を目的的に決意し、かつ④それを実行することが出来たという場合に、はじめて当該違法行為をしたことについ

て行為者を非難することが合理化できるのである。そのような「可
能性」を基礎づける事情（責任要件事実）がすべて備わった場合に、は
じめて行為者に対する有責性評価が可能となる。

　そして、①「予見可能性」との関連では、単に予見可能であるに
とどまらず、現に予見しつつあえて当該行為を主体的に選択した場
合、すなわち「故意」行為の場合には、予見していない場合より違
法性の弁識可能性も高くなり、また自ら積極的に選んだ行為（自己選
択行為）だということで、一般に責任がより重くなると解される。刑
法が犯罪として予定するのも、原則としてこのような「故意行為」
である[18]。

　また、いわゆる「責任能力」は、②弁識可能性・③決意可能性に

---

[18]　浅田コメント：予見可能性の点が故意・過失の問題であるとするが、その場
　合に予見（可能性）の対象となるのは犯罪類型的結果（従来の体系にいう構成
　要件該当結果）でなければならない（鈴木説も故意は「犯罪類型的行為」の選択
　意思であるとしている）。宮本説は、故意・過失を「可罰類型性」で扱うことに
　より、このような体系的矛盾をきたしていない。→　鈴木コメント：有責性と
　犯罪類型性とは相互制約的評価（交差円的関係にある評価）であり、犯罪類型
　性を故意・過失の前提として考慮することは、性質論としては何ら体系矛盾で
　はない（注12対応の本文参照）。同心円的関係にある評価ならともかく交差円
　的関係にある評価につき両評価を交差させて検討することは、性質論としてむ
　しろ当然のことといえよう。性質論として評価の論理的順序が問題となるのは、
　同心円的関係にある評価の場合に限られる。相互制約的関係にある評価につい
　ても判断の順序にこだわり、先行評価につき後行評価を前提とするのを体系矛
　盾と感じるのは、浅田が判断順序にこだわる「認識論」的体系を前提に「体系」
　を考えているからにほかならない。私見が体系上「犯罪類型性」を「違法性」や
　「有責性」より後に論じるのは、その評価が違法・有責・当罰的行為の類型性で
　あって、規範的許容性とかかわる「規範的評価」でなく刑罰効果とかかわる「可
　罰的評価」の問題として当罰性と並べて説明するのが、評価の性質や相互関係
　を論じるうえでより明快だからに他ならない（注14対応の本文参照）。「認識論」
　的に、判断順序として違法性や有責性に後置すべき評価として犯罪類型性を体
　系的に位置づけようとしているわけではない。

関わる責任要件事実の一つ（行為者の「能力面」の要件事実）といえよう。伝統的刑法学では、責任能力は「責任要件」ではなく責任要件を論じる前提、すなわち「責任前提」であると位置づける見解も有力である（佐伯千仭、浅田和茂）。しかし、体系的には責任評価を基礎づける要件事実の一部と解せば足り、あえて責任評価の「前提」として位置付けるまでの必要はない。むしろ、責任要件（事実）と解するほうが「体系的理解」にも親しむのである。

　そのほか、伝統的刑法学にいわゆる「違法性の意識の可能性」は行為状況面での弁識可能性を、また狭義の「期待可能性」は行為状況面での決意可能性を問題とするものと位置づけえよう。

　なお、①予見可能性と関連して結果「予見義務」を問題とする見解も有力である（山中敬一『刑法総論［第2版］』（2008年）369頁）。しかし、予見の「可能性」こそが問題の核心であり、たとえば過失犯において、行為者に結果予見の「義務」違反まで認めることには疑問がある（それでは、「故意犯は予見義務を果たした犯罪」ということになるのか。）。また、伝統的に「義務は可能性を前提とする」ともいわれてきた。たしかに「行為規範」を問題とする以上、遂行不可能な行為を義務づけることはできないとはいえるかも知れない。しかし、予見可能性・弁識可能性・決意可能性等が、行為義務の存否を左右するとは考えられない。責任無能力者といえども、「人を殺してはならない」という義務は負うはずである。責任無能力であるからといって、殺人行為が許容されるわけではない。

　さらに、いわゆる「心理的責任論」が有力だったころの発想の残滓かと思われるが、伝統的犯罪論には、期待可能性を重視しいわゆる「規範的責任論」に立つ場合にも、依然として実行行為自体の主観面に着目し、その主観面が非難可能なものであるかどうかを問題

にするという傾向が強い。すなわち前述のように、有責性は本来「行為者」に対する評価であるにもかかわらず、違法性と同様に「行為」に対する評価として捉えられがちなのである。したがって、故意・過失や責任能力も行為（違法行為）自体の主観面の問題と観念され、それが「行為と責任の同時存在」原則の根拠ともなっているかにみえる。しかし、行為者の非難可能性にとって重要なのは、違法な実行行為が行為者にとり「事前」に回避可能であったかどうかである。前述のように、有責評価の対象は、厳密にいえば「行為」ではなく「行為者」である。違法行為を事前に回避可能であるにかかわらず実行したからこそ、その「行為」を理由に「行為者」は規範的に非難されうるのである。有責性評価は、違法行為の実行を理由とする評価であるから、その評価自体は、違法行為が行われてはじめて可能となる。その意味で「行為責任」の原則が妥当し、行為と責任評価の「同時存在」の原則が妥当する。しかし、有責性を基礎づける要件事実が違法行為前に存在していなければ、行為者に対して有責評価は成立しえない（責任要件事実の「事前存在」の原則）。責任評価自体と責任要件事実の存在時期は、必ずしも一致しないのである（この点につき、近時、伝統的犯罪論の立場から同旨の主張をするものに、松原久利「責任阻却事由と事前責任」大谷實先生喜寿記念論文集（2011 年）259 頁以下がある）[19]。

　なお、違法性の場合と同様に、有責性についても、犯罪類型該当の具体的犯罪行為が具備すべき有責性は、当然のことながら「犯罪類型的有責性」でなければならない。すなわち、故意犯（故意犯罪類型該当行為）については故意責任が、また過失犯（過失犯罪類型該当行為）については過失責任が認められねばならないのである。

---

[19]　後掲注 28 参照。なお、松原論文については、鈴木『犯罪論の基本構造』479 頁以下参照。

d．当罰性と当罰要件事実

「当罰性」とは、行為者に対する非難を行為者の処罰という形で行うことの相当性、すなわち処罰の実質的相当性をいう。これは、厳密には「行為者」と「国家」の間の「制裁関係」に対する評価である。刑罰は過酷なものであり、刑罰権はできる限り謙抑的に行使されねばならない（「謙抑主義」）。違法行為による法益侵害性や法益保全性を考慮したとき、行為者にそれ自体重大な利益侵害を伴う「刑罰」を科すまでの必要が本当にあるかどうかが問題となる。国家と違法行為者間の「処罰関係」の相当性の問題といってもよい。法益侵害性自体が軽微であるとき（絶対的軽微性）や法益保全性との衡量によれば法益侵害性が相対的に軽微で処罰が相当でないとき（相対的軽微性）など、有責性自体が軽微である場合（「責任軽微型」）や、処罰する国家の側に処罰適格の喪失をもたらすような事情がある場合（「処罰適格喪失型」）などには、当該行為が規範的に違法・有責であっても、当罰性を欠くことがありうる。それぞれ①侵害が軽微とはいえず有責性が処罰相当な程度に達していることを基礎づける事情が存在すること、また②国家が処罰適格を保持していること（処罰適格を喪失させるような事情のないこと）が、当罰性の要件事実（当罰要件事実）となるといってよい。

なお、この「当罰性」は、伝統的犯罪論においても「可罰的違法性」とか「可罰的責任」という形で実質上議論されてきたといえる。しかし、責任はともかく「違法性」自体は、「程度」を付しうる評価ではない（行為規範違反か否か（違法か適法か）の二者択一）。程度を論じうるのは、本来、違法行為の法益侵害性や法益保全性（違法性を基礎づける法益侵害性や法益保全性）であることに留意すべきである。厳密にいえば、「可罰的に違法な」行為ではなく、「可罰的な」違法行為が問

題とされるべきなのである[20]。ちなみに、民事制裁の対象となる行為と刑罰制裁の対象となる行為の基本的性格の違いも、この評価との関連で検討されるべき課題といえよう。

　また、違法性や有責性は行為あるいは行為者自体に対する評価であるのに対して、当罰性は、違法・有責行為者と国家の間の「制裁関係」に関わる評価である。それゆえ、そこでは「行為」や「行為者」に注目するのみでは足りず、処罰主体である「国家」の側の事情にも注目する必要がある。可罰的「違法性」という発想は「行為中心主義」に陥り、このような総合的把握を阻害するおそれもあるといえよう（たとえば、「おとり捜査」や「不平等訴追」をどう扱うか。）。違法性は、行為の法的許容・不許容に関わる評価であるのに対して、当罰性は、刑罰効果を与えるか否かに関する評価であり、訴訟法学でいう「有効・無効」に対応する評価であることに留意する必要がある（これに対して適法（許容）・違法（不許容）は、訴訟法学にいう「適法・不適法」に対応する評価である。）[21]。

e．犯罪類型性と類型要件事実

　「犯罪類型性」とは、行為が単に違法・有責・当罰的であるのみならず、立法者が予め犯罪行為として個々の罰条に明示した「行為類型」に該当していることをいう。これは、「罪刑法定主義」の充足を示す「評価」である。そして、当該行為類型を構成する諸事実が、

---

[20]　浅田コメント：宮本説（後者）から佐伯説（前者）への展開を積極的に評価すべきである。→　鈴木コメント：私見によれば、浅田のいう宮本説から佐伯説への展開は、いわば「適法・違法」の問題と「有効・無効」の問題を融合するものであり議論の明快さを損なうものとして、むしろ消極評価に服すべきものである。

[21]　前掲注17参照。

この評価の「要件事実」となる。伝統的犯罪論においては、刑法学上の「行為類型」論として「構成要件」論が展開されてきた。しかし、「構成要件」概念は、形式的には罪刑法定主義から導かれる要件だとされるものの、実質的・具体的には犯罪の認識・認定と密接に関連させて論じられており（犯罪評価に優先して判断されるべき事実的行為類型性）、罪刑法定主義充足を基礎づける要件としては、そもそも筋違いの「行為類型論」と化している。認識論的「構成要件」は、むしろ次節で問題とする「認定要件事実」に関わる問題として、本来「刑訴法学」的に論じられるべきものといえよう。既述のように、「構成要件」と「阻却事由」の対置は、実定法的にも「刑訴法」に根拠があることに注目すべきである（刑訴§335 I・II。これに対応する旧刑訴規定として、§360 I・II）。

　ちなみに伝統的「構成要件論」においては、責任要素である故意・過失は「構成要件」要素に含まれないとする見解が有力である。しかし、立法者が「故意犯」のみを処罰しようとしているのか、「過失犯」をも処罰しようとしているかは、罪刑法定主義上重要な問題であって、故意・過失は犯罪成立要件としての「犯罪類型」要素に当然含まれると解されねばならない。各罰条も、明らかに故意犯と過失犯とは区別しつつ犯罪類型を定めている。そもそも一方で構成要件を「罪刑法定主義」と結びつけつつ、他方で故意・過失を構成要件要素とすべきかどうかを真剣に議論する姿勢こそ、伝統的刑法学の「ねじれ現象」を如実に示すものといえよう。

　伝統的犯罪論においては、構成要件を「違法行為」類型と解する立場が有力である。そして、「罪刑法定主義」の要請と「規範論」の要請を共に満たすための「構成要件」は、国民に行為規範を提示するところにその意義があると強調されることもある（山中敬一「犯罪

体系論と構成要件論」研修765号（2012（平成24）年）3頁以下）。しかし、国民に何が「違法行為」かを示すだけでは、罪刑法定主義の要請は充足されえない。「罪刑法定主義」は、立法者が国民に「いかなる行為が犯罪となるか」を法律上明示し、処罰理由とされる行為がこれに該当することによって、はじめて充足されるのである。違法行為類型にすぎない「構成要件」への該当性は、「罪刑法定主義」の充足を体現する要件とはいえない。

　それゆえ、近時伝統的犯罪論においても、構成要件該当性は必ずしも罪刑法定主義の充足を示すものでないことを、率直に認める見解がみられるようになってきている（浅田和茂『刑法総論［補正版］』（2007（平成19）年）95頁）。論者は、次のようにいう。「罪刑法定主義は、刑法の規定（条文）によって果たされるのであり、その規定が故意犯と過失犯とを区別しているのであるから、用語上、構成要件と犯罪類型とを区別し、犯罪類型として故意犯・過失犯は区別されるが、これはもっぱら罪刑法定主義の観点からするものである、と解すべきである。他方、構成要件は、体系的概念（犯罪成立要件）として、あくまで外部から判断しうる客観的なもの（違法行為の類型）ととらえておくべきであると考える。」と。

　しかし、それなら「構成要件」該当性ではなく「犯罪類型」該当性のほうを犯罪成立要件に位置づけるべきであろう。「犯罪成立要件」から「罪刑法定主義」充足の「評価」を放逐するのは妥当でないし、そもそも「体系的概念」と「犯罪成立要件」とを等置すること自体に疑問がある。体系的概念は、幾何学における「補助線」類似の機能を果たすものにすぎない。これに対して犯罪成立要件は、いわば「犯罪」という図形を構成する線そのものでなければならないはずである。浅田流の体系的構成要件論からは、罰条に該当しな

いでも理論上犯罪成立要件が充足されて「犯罪」が成立することになり、結局、論者自身が「近代刑法の基本原則」だとしている「罪刑法定主義」を明らかに無視した「犯罪成立要件」論になってしまうことになる（たとえば、「過失窃盗」も犯罪成立要件を充たすことになる）[22]。もっとも、構成要件は「犯罪論に役立てるための道具として、学者によって作り出された概念である」から、「どれが便利であるかは、ある程度使う人の好みの問題である」とする有力な見解もある（佐伯仁志『刑法総論の考え方・楽しみ方』（2013年）32頁）。しかし、構成要件が犯罪論の単なる「体系化概念」にとどまるのであればともかく、これを犯罪の「成立要件」として位置づけるのであれば、単に「好みの問題」と割り切ることはできないはずである。

　また、構成要件の機能を「違法性推定機能」と「共犯の従属対象

---

[22] 浅田コメント：体系的概念としての構成要件と犯罪類型とは区別すべきである。前者において故意を構成要件要素とするか責任要素とするかで誤想防衛が故意犯か過失犯かが分かれるのであり、単なる補助線ではない。過失窃盗は窃盗の構成要件に該当し違法であるが（正当防衛が可能）犯罪ではない。→ 鈴木コメント：誤想防衛が故意犯か過失犯かは、本来「故意」をいかなるものと考えるかによって決定されるべきものであろう。そして、故意・過失が責任要素であるとともに犯罪類型要素であるからこそ、故意窃盗の犯罪類型に該当しない過失窃盗が犯罪とならないのである。浅田は、これを体系的「構成要件」概念の意義としてとらえているが、単に犯罪成立要件を体系的に論じるための補助的・手段的「構成要件」概念を犯罪の実体的な「成立要件」と同視しているところに理論的混乱があると、筆者は考えている。この問題に関する限り、私見によっても浅田と同様の結論は導きうる。浅田も犯罪類型に該当しないから「犯罪」とはならない（犯罪として成立しない）としているのであるから、端的に「犯罪類型」該当性を「犯罪成立要件」に位置付け、構成要件が体系的概念として有用だというのであれば、それを直ちに犯罪成立要件に位置づけるのではなく、犯罪類型性を含む諸種の犯罪成立要件を体系的・整合的に整理・説明するための手段的概念に純化して「構成要件」概念を活用するのが、学問的検討のあるべき姿といえよう。

を明示する機能」に求める見解も、近時有力に主張されている（松宮孝明『構成要件の概念とその機能』三井誠先生古稀祝賀論文集（2013（平成25）年）23頁以下）。しかし、違法性の「推定」いかんは、むしろ犯罪認識のあり方に関わる「刑訴法学」的検討の課題であるし、「共犯の従属対象」いかんは、「犯罪」自体の成立要件ではなく、単に「共犯」の成立要件の問題にすぎない。端的にいえば、これは犯罪の成立要件論を、「犯罪類型」該当性の各論、すなわち「共犯」類型性の要件論へと矮小化してしまう議論ということになる。さらにこの見解は、伝統的犯罪論上の定説である「共犯従属性」論を前提としているが、この点にも実は反省が必要ではないか。

　伝統的に、共犯は正犯に従属する犯罪だとされてきた。そして、正犯は犯罪結果惹起についての「一次的責任」を問うものであり、共犯は「二次的責任」を問うものであると解されている（山口厚『刑法総論［第2版］』（2007（平成19）年）308-309頁）。しかし、共犯とされる教唆犯には正犯の刑が科せられるのに対して、従犯では正犯の刑が減軽されるのであり、法律効果（可罰性）という観点から見たときには、正犯と共犯とが対置されるのではなく、①正犯（共同正犯を含む）及び教唆犯と②従犯とが対置されるのである。犯罪類型論としても、このような対置に見合う理論が要請されるといえよう。では、どのように解すべきか。この点についても、私見は「伝統的共犯論」とは基本的発想を異にするが、ここでは一切省略することにしたい[23]。

　ちなみに、「犯罪類型」という用語は、伝統的に「犯罪成立要件をすべて充たした行為」の類型という意味で用いられることも多い（いわゆる「一般構成要件」ないし「全構成要件」）。このような理解は、各罰条

---

[23]　この点の私見については、鈴木『刑法総論［第2版］』（2011年、成文堂）208頁以下参照。

において一般に、処罰のための「法律要件」として違法性・有責性・
当罰性等についてはとくに触れず、一定の「行為類型」のみが定め
られていることに由来するといえよう。しかし、これは、すでに述
べたように、違法性・有責性・当罰性等がすべての犯罪に共通の成
立要件であることから明示の要件として掲げられていないだけであ
り、厳密には「違法・有責・当罰的に所定の行為類型に該当する行
為」をしたことが「法律要件」とされている趣旨に解すべきである。
私見にいう「犯罪類型」該当性とは、この「所定の行為類型」への
該当性自体を意味している。それは、いわゆる「全構成要件」類似
の一般要件ではなく、違法性・有責性・当罰性と並ぶ犯罪成立のた
めの重要な「特別要件」なのである。

5　犯罪の認定論（刑訴法学的犯罪論）

a．総　説

　以上の犯罪性質論において解明された実体的な「評価要件事実」
をいかにして訴訟手続上合理的に認識・認定し、犯罪の認定につな
げていくか。これが、次に検討されるべき「犯罪論」の課題である。
すなわち、犯罪事実の「認定論」（事実認定論）である。訴訟手続を経
て実体的な「評価要件事実」が明らかになれば、それに基づいて「犯
罪評価」が可能となり、「犯罪の認定」へと至りうることになる。こ
れを論じるのが犯罪の「認定論」の核心である。犯罪「認定論」は、
訴訟手続上の犯罪「認識論」だといってよく、そこでの「犯罪」は、
認識順序を追っていわば「動的に」観察されることになる。

b．構成要件事実と阻却要件事実

　手続上の犯罪事実認定については、証拠調手続との関わりで、事実の「推定」や「主張責任」・「立証責任」などとの関連に留意しつつ検討を進める必要があり、これは「刑訴法学」的な検討課題だといってよい。訴追者である検察官が常に評価要件事実のすべてを率先して直接積極的に立証するまでの必要はない。物事には「原則」と「例外」があり、原則的な事実が確認されれば、「特段の事情」がない限り、例外的な事実をあえて現実的争点として取り上げるまでもないというのが、手続法的な実践的発想である。事実の推定や主張責任・立証責任等の根底には、このような発想がある。その表れが、刑訴法学上の「訴因」論（刑訴§256Ⅲ）であり、「有罪判決理由」論（刑訴§335Ⅰ・Ⅱ）である。そこでは、刑事訴追に当たり検察官が率先して積極的に主張・立証すべき事実と、特段の事情があるときにはじめて立証課題ないし有罪判決の判示事項とされるべき事実とが区別される。前者が「構成要件事実」であり、後者が「阻却要件事実」である。この振り分けに従って、事実の主張・立証がなされ、その立証を通じて犯罪の評価要件事実の存否が認定されることになる。この直接に主張・立証の対象とされる事実は、評価要件事実の「認定」に当たって区別されるべき事実であり、「認定要件事実」と呼ぶことができよう。これに対していえば、前述の「評価要件事実」は「実体要件事実」ということになる。では、何を認定要件事実である「構成要件事実」（構成事由）とし、あるいは「阻却要件事実」（阻却事由）とするか。以下、認定されるべき「評価要件事実」（実体要件事実）ごとに簡単に検討しておこう。

　認定論的観点（認定の安定性）から重要なのは、「構成要件事由」と「阻却事由」の対置であり、その背後には「原則」から「例外」へ、

あるいは「一般」（被告人を一般人・平均人と仮定（推定）した場合にどうか。一般的事情の下ではどうか。）から「個別」（具体的な行為者（被告人）に即してみた場合にどうか。）へ、また「類型的判断」から「実質的判断」へという視点がある。

　そこで、まず「犯罪類型性」の認定について考察しよう。各犯罪類型は、それぞれ故意犯か過失犯かを区別しているが、この故意・過失を捨象したその他の犯罪類型要素は、「罪刑法定主義」の充足を確認するための重要な事実であり、故意・過失を論じる対象となる行為類型要素でもあって、「固有犯罪類型要素」と呼ぶことができよう。すなわち各犯罪類型は、「固有犯罪類型要素」と「故意・過失」とで構成されているということになる。それゆえ認定論上も、「固有犯罪類型的行為」は、各犯罪類型ごとに固有の要件事実として、それ自体が「構成要件」事実となると解すべきである。故意・過失に関しても、「固有犯罪類型的行為」自体の予見と選択があったこと（故意）あるいは予見はなくとも予見可能性はあったこと（過失）が「構成要件」事実となる。これが、「構成要件」的故意・過失である。他方、実体的な「犯罪類型」的故意・過失は「責任」類型としての故意・過失を意味するが、「構成要件」的故意・過失が存在すれば、特段の事情がない限り、「責任」類型的故意・過失の存在が推定されうることになる。その意味で認定論的構成要件要素から故意・過失を除外しようとする見解は妥当でない。もちろん急迫不正の侵害事実があると誤信して防衛行為をしたような場合（誤想防衛）には、「責任」故意が否定され、それゆえ同時に責任類型としての「犯罪類型」的故意も否定されることになる。しかし、このような誤想防衛事実は例外的な事情であり、実体的な「責任故意」及び「犯罪類型的故意」の阻却事由として位置づけるのが妥当である。これに対して「固有

犯罪類型的事実」の錯誤（伝統的刑法学にいわゆる「構成要件的事実」の錯誤）は、理論上、責任故意（ないし故意犯罪類型性）の「阻却事由」ではなく、単に故意（ないし故意犯罪類型性）の「構成要件事実」の不存在にすぎないということになる。

　実質的判断である「違法性」の認定については、どうか。前述の固有類型的行為は、それ自体「法益侵害行為」の類型であるから、「構成要件」的行為が存在すれば、正当化事由の存在を疑わせる「特段の事情」がない限り、「違法性」の推定が許されよう。法益保全と関連する正当化事由は、例外的に行為を正当化する事実として、「違法阻却事由」に位置付けるのが妥当である。

　同様に実質的判断としての「有責性」の認定についても、「構成要件」的故意・過失の確認を通じて、その推定が許される。すでに述べたように、実体的「有責性」は、①事実の予見可能性、②違法性の弁識可能性、③違法行為回避の決意可能性、④回避行為の遂行可能性を担保する状況の存在を「評価要件」事実としている。そして少なくとも①事実の予見可能性がある場合（構成要件的故意・過失の存在）には、一般人を前提とすれば、②違法性の弁識可能性は推定されよう。③違法行為回避の決意可能性や④回避行為の遂行可能性に関しては、先ず法益侵害回避に必要な「回避行為」とは何かが問題となる。「回避行為」とは「犯罪類型的行為による法益侵害結果惹起の危険性」を回避するための対応をいい、そのような回避行為（作為・不作為）の決意可能性や遂行可能性が検討されることになる。そして一般人（平均人）に遂行可能な回避行為を前提とすれば、「構成要件」的故意・過失が認められる以上、③④に関してもその可能性が推定されると解するのが妥当であろう。したがって一般人基準の回避行為を「構成要件事由」とする一方、②～④の主観的可能性について

は、その不存在（たとえば、責任無能力、違法性の弁識不可能事由など）を
「阻却事由」として扱うべきものと解される。

　ここで、「過失」における「予見可能性」の認定にも触れておこう。
実体的な責任要素としての過失では、行為者自身による違法行為の
回避可能性が問題となる。したがってその「予見可能性」は、行為
者基準の「主観的予見可能性」であることを要する。しかし、認定
要件事実としては、特段の事情がない限り被告人も一般人（平均人）
であると推定するのが合理的であり、平均人基準のいわゆる「客観
的予見可能性」があれば、当該被告人の「主観的予見可能性」も推
定されるといえよう。したがって、客観的予見可能性を基礎づける
事情を「構成要件」事実とし、例外的に主観的予見可能性が欠如す
る事情（行為者特有の予見不可能状況）を「阻却要件」事実と位置づけて
おけば足りることになる。

　最後に、実質的な「当罰性」評価についても、以上のような過程
を経て「犯罪類型性」・「違法性」・「有責性」が認定できる以上、当
罰性を欠く例外的事情（たとえば、法益侵害の軽微性など）は阻却事由と
して扱えば足りよう。

　もっとも、以上で問題としている「推定」とは、反対事実の証明
責任を相手方に転換する伝統的な「義務的推定」ではなく、「許容的
推定」（法廷に提出された証拠のみならずいわゆる「弁論の全趣旨」をも考慮し
ての事実認定を裁判所に許容する推定）を意味していることに留意して
おく必要がある。裁判所は、被告人側が阻却要件事実につき手続上
とくに主張・立証していないことや、証拠上とくに阻却要件事実の
存在可能性がうかがわれないことなどを勘案して、実体的評価要件
事実の存在を「確信」するなら、犯罪の成立を認定してよいという
趣旨である。

　起訴に際して検察官は、最低限、上述の「構成要件」該当事実を訴因として構成する必要があり、「構成要件」事実の存在を具体的に主張していない訴因は、「訴因の明示」を欠くことになる。そして、この訴因を審判対象として、訴訟手続上の攻撃・防禦が行われていくのである。証拠調における「認定要件事実」の立証を通じて「実体要件事実」（評価要件事実）の存在が認定できれば、問題とされている行為についての「犯罪評価」がおのずと可能となり、犯罪の成立が認められることになる[24]。

---

[24]　浅田コメント：刑訴法335条1項の「罪となるべき事実」と2項の「法律上犯罪の成立を妨げる理由」とは、鈴木説の「構成要件事実」と「阻却要件事実」に厳密に対応しているか、故意の阻却要件事実とされている犯罪類型的行為選択の不任意性は故意そのものを否定する事実ではないか、過失の阻却要件事実とされている主観的予見不可能状況は過失そのものを否定する事実ではないか。
→　鈴木コメント：私見も、犯罪類型的行為選択の不任意性は故意そのものを否定する事実と考え、任意の選択意思が働いてはじめて故意は成立すると解している。それゆえ犯罪類型的行為選択の任意性は、故意の成立要件事実といってよい。しかし、その事実（実体要件事実）を立証するにあたってそれを検察官が常に積極的に主張・立証すべき構成要件事実と位置づけるか、例外的に争点とする阻却要件事実と位置づけるかは、性質論ではなく認定論的な問題といってよい（問題の次元を異にする）。私見は、行為選択に当たっての不任意性を例外状況と位置づけ、そのような状況の存在を阻却要件事実とするのが合理的だと解しているにすぎない。ここでは、「実体要件事実」と「認定要件事実」とが明確に区別されねばならない。訴訟手続上直接に主張・立証の対象となるのは「認定要件事実」であり、その主張・立証を通じて「実体要件事実」の存否が確認されるのである。ちなみに、「主観的予見不可能状況」についても、同様の論理が妥当する。

6　二元的犯罪論の意義と実益

a．総　説

　以上のように犯罪の性質論と認定論を区別する「二元的犯罪論」
は、どのような実益をもつか。まず、「犯罪の性質論」の展開を通じ
て「犯罪成立要件」論（「刑法学的犯罪論」）が純化され、より簡明化さ
れうる。さらに「要件事実」論（実体要件事実論と認定要件事実論）の意
識的展開によって、「刑法学」と「刑訴法学」、また（刑法）「理論」と
（刑事的）「実践」活動（訴訟活動）の関係が明確になり、両者が架橋
される（平成司法改革の一理念）。要件事実論を通じては、昨今要件事
実論が盛んな民事法学との対話も容易になるといえよう（たとえば、
私見と共通の発想で民事の要件事実論を展開したと明言する賀集唱「要件事実
の機能——要件事実論の一層の充実のための覚書」司法研修所論集 90 号（1994
年）など参照。）[25]。以下では、刑法学上の議論が簡明化されうる二つの
典型的事例に触れておきたい。一つは「客観的帰属論」であり、も
う一つは「原因において自由な行為」の有責性論である。前者は刑
法学的犯罪論の「犯罪性質論」としての純化と関連し、後者は犯罪
の性質論としての「要件事実論」（実体要件事実論）の展開と関連する。

---

[25]　浅田コメント：要件事実論の展開は、二元的犯罪論を採用しない場合でも可
能ではないか。→　鈴木コメント：確かに私見にいう認定要件事実は「認識
論」的犯罪論をとっても可能であろう。しかし、認定要件事実論を具体的に展
開するにあたっては、まず犯罪の「性質論」として、各犯罪評価の実体要件事実
（評価要件事実）をそれぞれ明確にしておく必要がある。認定要件事実、実体要
件事実、実体評価の対応関係を明確に意識した分析を通じて、はじめて（刑法）
理論と（刑事法的）実践の架橋は確固たるものとなる。

b．客観的帰属論

　犯罪類型的な結果の「行為への帰属」（客観的帰属）ないし「行為と結果の間の犯罪類型的因果関係」をめぐっては、犯罪論上これまで長らく厳しい見解の対立が続いてきた。その背後には、「認識論」的体系があるのではないか。しかし、犯罪の「性質論」に徹するならば、犯罪類型的な客観的帰属についても、違法行為を前提に、端的に「犯罪類型的結果回避義務に違反する違法行為から生じた犯罪類型的結果（より厳密にいえば、違法行為により惹起ないし放置された因果流から発生した結果）は当該違法行為に帰属する」と解せば足りることになる。要するに結果の行為帰属は、単純に「結果回避義務違反の違法行為の結果」かどうかによって決まるのである[26]。

　伝統的構成要件論では、長らく「相当因果関係」説が有力であった。構成要件を事実的行為類型と解するがゆえに行為の違法性を前提に結果の帰属を論じることを拒み、もっぱら自然的因果関係の経験則的通常性に着目する。しかし、なぜ経験則上通常の因果関係にある結果のみが行為に帰属されるのかについての積極的・合理的な説明は聞かれない。伝統的に挙げられてきたのは、単純な「条件関係」論では因果関係が無限にさかのぼり、殺人犯を生んだ母親の出産行為にも殺人結果が帰属することにならざるをえず不当だとの

---

[26]　浅田コメント：ここでは違法論が犯罪類型論に前置される「体系」の利点が強調されているが、そうであれば、責任論で「故意・過失」を論ずる際に、後置される犯罪類型的行為を先取りすることもできないのではないか。→　鈴木コメント：私見の犯罪「性質論」における体系は、判断順序の体系ではなく、評価やその要件事実の性質や相互関係を明らかにするための体系である。浅田は、認識論的な判断順序の体系にこだわるがゆえに、上記のような疑問を抱くのであろう。それぞれ体系化の意味を十分に意識しつつ、議論を深める必要がある。浅田の私見批判は、私見の体系論に対する誤解に基づくものといえよう。注19参照。また注14対応の本文参照。

「消極的」理由である。そこで通説は、条件関係を「相当性」で限定
しようとする。しかし、何が「相当」かについての説得的説明は、
依然曖昧なままである。犯罪の性質論に徹するなら、犯罪行為は犯
罪類型的行為であると同時に違法行為でもあるから、違法行為を前
提に犯罪類型性を論じても理論上何ら差支えないはずである（すな
わち、違法行為がさらに犯罪類型性をも具備するのはいかなる場合かの検討）。
不相当な事実的因果関係の遡及を断ち切るのは、因果経過自体の異
常性（不相当性）ではなく、問題となる行為の違法性（結果回避義務違
反）だといってよい。要するに、「客観的帰属」の要件事実は、①行
為に関する「違法要件事実」と②「当該違法行為により惹起（作為犯）
ないし放置（不作為犯）された危険と結果の間の自然的因果関係」だ
ということになる[27]。

c. 原因において自由な行為

　他方、価値判断とそれを基礎づける事実との相互関係（いかなる事
実関係がある場合に責任評価が成立するか）に留意しつつ、犯罪の性質論
として犯罪評価それ自体とその要件事実を明確に区別するならば、
これまた犯罪論上厳しい対立がある「原因において自由な行為」の
有責性についても、簡明な基礎づけが可能となる。すなわち、有責
性は回避可能であるのにかかわらず違法行為をなしたことに対する

---

[27]　浅田コメント：客観的帰属を「自然的」因果関係とするのは、客観的帰属論
の考えに反するのではないか。→　鈴木コメント：自然的因果関係を重視する
私見は、確かに客観的帰属を規範的に判断しようとするいわゆる「客観的帰属
論」（規範的帰属論）には反するかもしれない。しかし筆者は、（客観的）帰属を
すべて規範的に判断するという発想には反対である。いわゆる「客観的帰属論」
の問題点は、むしろ帰属論においてどの範囲・程度において規範的判断を取り
込むかの基準が明確でないところにあると考えている。

非難可能性であり、違法行為の事前回避可能性をふまえて判断されるべきものである。したがって、その回避可能性を具体的に基礎づける要件事実（回避可能状況）の一つである「責任能力」についても事前に存在すれば足り、違法行為と同時に併存すべき理由は必ずしもないといえる。

　しかし、犯罪論上伝統的に「行為と責任の同時存在」の原則が妥当するとされ、「原因において自由な行為」の理論はこの原則に反するとされてきた。たしかに責任は違法行為の実行を理由とする非難可能性であるから、「行為」と責任「評価」は同時存在すべきものである。しかし、違法行為の回避可能性を基礎づける責任評価要件事実としての回避可能状況は、「予見可能性」であれ、違法性の「弁識可能性」であれ、適法行為の「期待可能性」であれ、違法行為実行の前に存在すべきものである。事前の回避可能性にとっては、違法行為自体の主観面ではなく、違法行為に及ぶまでに行為者がどのような状況にあったかが、むしろ重要なのである。すなわち責任要件事実については、「行為分析型」ではなく「行為者状況分析型」の総合的検討が必要だということになる。故意（刑§38.「罪を犯す意思」）についても、（回避行為の決意可能性がある状況下での）「事前」の「行為選択意思」と解するのが妥当である。そのような意思に基づいて行われた行為が、「故意行為」なのである。かくして、犯罪論上「行為と責任評価の同時存在」の原則は存在するものの、「行為と責任要件事実の同時存在」の原則は存在しないといってよい。

　責任要件事実に関しては、むしろ「事前存在の原則」が妥当するのである。まさに「原因において自由に回避可能だった違法行為」は、「有責行為」として責任主義の「原則」から説明可能な行為といってよい（より厳密にいえば、「原因において自由に回避可能だった違法行為」の

『行為者』こそ、有責行為者である）。「原因において自由な行為」は、決して責任主義の「例外」ではない[28]。

　このようにして、「原因において自由な行為」（とくに故意犯の場合）に関して理論上慎重な吟味を要するのは、「同時存在原則」との抵触という点ではなく、むしろ実行された違法行為が、事前の行為選択意思としての「故意」に基づく行為といえるかどうかという点にこそあるといえよう。

7　おわりに

　われわれは、今や伝統的な「構成要件論」的発想（一元的認識論的犯罪論）から脱却し、犯罪の「性質論」と「認定論」を明確に区別する「二元的犯罪論」へと根本的に発想を転換する必要がある。それは、刑法学・刑訴法学・犯罪論の相互関係を根本から考え直すことでもある。すなわち、刑法学は犯罪論の「一手引受け」論（独占的発想）から脱却する必要があるといわねばならない。刑法学による「独占解

[28]　浅田コメント：これは結果行為説（同時存在の緩和説、例外モデル）の1つの説明であるが、責任能力および故意・過失は実行行為の時点における行為者の能力および心理状態を意味するものと解すべきであって、責任主義はまさにそのこと（処罰の対象となる行為が責任能力に担われ、その行為について故意・過失の存在すること）を要求している。→　鈴木コメント：責任能力および故意・過失が実行行為時点における行為者の能力および心理状態でなければならない理論的根拠は、どこにあるのか。「行為責任」主義という概念の形式的理解に基づく単なるドグマにすぎないのではないか。責任は回避可能であるにかかわらず違法「行為」を実行したことを理由とする「行為者」への非難可能性であり、責任能力等は、「回避可能性」を基礎づける要件事実として実行行為前に存在すれば足りるのであり、責任評価の性質からいって実行行為時点において必ず存在すべきものとする理論的根拠はないというべきである。責任は「行為者」に対して「違法行為責任」を問うものと解される。前掲注19対応の本文参照。

明」型犯罪論から刑法学と刑訴法学による「共同解明」型犯罪論への理論枠組のコペルニクス的転回が必要である。そしてそのためには、ベーリングによって犯罪の「認識論」へとコペルニクス的転回を遂げた刑法学的犯罪論を、再び「性質論」へと巻き戻す必要があるということである[29]。ベーリングによってコペルニクス的転回を遂げた刑法学的犯罪論をさらに180度転回させ、再び犯罪の性質論へと立ち戻る必要があるといってもよい。

　ちなみに、「二元的犯罪論」を提唱する私見に対しては、実務家や伝統的刑法学者からの批判が厳しい。しかし、いずれも筋違いの批判といえよう。浅田や山中からの批判の一部については、すでにふれた。以下、その他の主要な批判を取り上げたい。

　第一は、二元的犯罪論「の根底には哲学的な認識論、存在論がある」ようだと憶測し、このような「生硬な哲学的概念を刑法理論に取り込むには慎重であるべきだ」とする実務家からの批判である（金

---

[29]　浅田コメント：刑法学と刑訴法学の架橋と共同作業は重要な課題であり、これを否定する刑事法学者は皆無と思われるが、鈴木説ではその代償が大きすぎる。刑法学は構成要件論によってコペルニクス的転換を遂げたのであり、これをベーリング以前に戻すことは、ドイツ刑法学のみでなく日本刑法学にとっても、100年後退を意味する。もちろん100年後退だから反対というのではなく、構成要件論の方に一日の長があると思われるのである。→　鈴木コメント：たしかに刑法学はベーリングの構成要件論によって、単なる「性質論」から「認識論」へとコペルニクス的転換を遂げたといえる。しかし、これは刑法学にとっては、「勇み足」の転換であった（体系化の失敗）。したがって、この転換をいったん「性質論」へと復元し新たな体系化を模索することこそ刑法学と刑訴法学の共同作業にとって有益であるというのが、筆者の主張である。「構成要件論」は刑法学に理論的混乱をもたらしているのであって、決して私見より一日の長があるとは思えない。私見には大きな代償が伴うというのは、いわれのない批判と考える。要件事実論の実質的検討を真正面から考慮するという点で、私見が刑法学と刑訴法学の架橋にとって体系的により有益であることは明らかであろう。

山薫「構成要件論の終焉」小林充・佐藤文哉先生古稀祝賀刑事裁判論集・上巻
（2006（平成 18）年）2 頁以下、とくに 20 頁。）。

　しかし、すでに述べたように私見は、何も特殊な哲学的議論を前
提とするものではない。そもそも犯罪の「性質」とその「認識」（な
いし「認定」）という区別は単純明快であり、特別な哲学的素養がなく
ても十分に理解可能な区別といえよう。また、この論者は広く「構
成要件論の終焉」をめざし、犯罪論における「構成要件」概念の理
論的必要性を一切認めようとしない（これに対して、伝統的構成要件論に
一定程度の実務的有用性を認める実務家論文として、安原浩「裁判実務からみ
た犯罪体系論の意義」法律時報 84 巻 1 号（2012 年）54 頁以下参照。）。しかし、
これも妥当でないことは上述したところから明らかであろう。犯罪
の性質論としてはともかく「認定論」（認識論）的には、「構成要件」
概念は犯罪論上重要な意義を有している。刑法学における構成要件
論の「終焉」とともに、刑訴法学における構成要件論の「再生」と
「活性化」を目指すべきである。

　第二に、刑法学上「構成要件」にかえて「犯罪類型」の概念を用
いることについては、刑法学上の行為類型概念として「構成要件」
の語が定着している以上、あえて犯罪類型概念を導入することは、
かえって混乱を招き疑問だとする見解も有力である（佐伯仁志『刑法
総論の考え方・楽しみ方』（2013 年）39 頁）。要するに、「刑法学は構成要
件概念を捨てよ」と主張する私見は、伝統的刑法学者からは、「過去
百年余にわたる刑法学（構成要件論）の歴史を愚弄している」と思わ
れているのかもしれない。

　たしかに「構成要件論」は、伝統的刑法理論の核心をなしており、
これを侵されることは、伝統的刑法学者にとっては確かに耐えがた
いことであろう。しかし、「阻却事由」と対をなす「構成要件」概念

にこだわっている限り、「認識論」的発想からの脱却は困難である。刑法学は、潔く「構成要件」概念を罪刑法定主義的「犯罪類型」概念に置き換え、犯罪の「認識論」から「性質論」へと基本的発想を転換すべきである。伝統的刑法学は、「構成要件」概念を用いることにより、犯罪の性質論と認識論を無意識のうちに交錯させ、現に理論的混乱状態に陥っているといわねばならない。

　第三に、二元的犯罪論は「犯罪の成立要件論である犯罪論を二分」しようとするものであり、「目的合理的・効率的でないばかりか、複雑すぎて実用的でもない」とする伝統的刑法学者の批判もある（山中敬一『刑法総論［第2版］』119頁以下）。

　しかし、私見は「犯罪論」をその性質論と認識論に二分し刑法学と刑訴法学の役割分担を明確にしようとするものであって、「犯罪論」を二分するものではあるが、「犯罪成立要件論」自体を二分しようとするものではない。むしろ私見は刑法学的犯罪論を犯罪性質論と位置づけ、「犯罪成立要件論として一元的に純化（単純化）」しようとするものであって、これを「犯罪成立要件論の複雑化」として批判するのは、全くの筋違いといわねばならない。伝統的刑法学こそ、「認識論的性質論」（性質論を認識論的制約のもとに論じる）という形で「犯罪成立要件論」（犯罪性質論）を複雑化しているのである。

　最後のまとめとして、「二元的犯罪論」の構想を図式化してみよう。後掲の図表Iのようになる。

　これを簡単に説明すれば、次のとおりである。すなわち「犯罪論」には、犯罪の性質論（「犯罪とは何か」論）と認定論（「犯罪の存在をいかにして認定するか」論）とを区別する必要がある。認定論とは、訴訟手続上の犯罪認識論にほかならない。このうち犯罪の「性質論」は、犯罪を構成する「犯罪評価」論とその基礎をなす「犯罪事実」論とに

着目しつつ構成される必要がある。犯罪評価論は、行為規範とかかわる「規範的評価」論である「違法性」論と「有責性」論、処罰相当性とかかわる「可罰的評価」論である「当罰性」論と「罪刑法定主義充足性」論（「犯罪類型性」論）とから成る。このような「評価」にはそれらを基礎づける「事実」が常に伴うのであり、さらに各評価につきその「評価要件事実」を解明する必要がある。評価要件事実（実体要件事実）が存在して、はじめて「犯罪評価」が成立することになる。ここまでが「刑法学」の研究対象である。

　さらに犯罪論としては、上記「評価要件事実」の存在を訴訟手続上具体的に認定するための要件事実についての検討、すなわち犯罪の「認定論」（「認定要件事実」論）も不可欠である。訴訟当事者の主張責任や立証責任と関係づけて、何を訴追者が常に積極的に主張・立証すべき「構成要件事実」とし、何を特段の事情がある場合に例外的に問題とすべき「阻却要件事実」とするかの検討である。これらを実体的な評価要件事実ごとに明らかにする必要がある。これは、刑法学ではなく「刑訴法学」の研究対象と解するのが妥当であり、結局、犯罪論は「刑法学」と「刑訴法学」の「共同研究」の対象と解されることになる。これが、私見の二元的犯罪論体系の概要である。

　要するに私見によれば、犯罪の認定は、「証拠調手続」→　認定要件事実の立証→　実体要件事実の確定　⇒　「弁論手続」→　実体評価成立の確認　⇒　「裁判手続」→　犯罪認定という過程をたどって行われることになる。「二元的犯罪論」に立つことにより、刑法学と刑事訴訟手続の関係も理論的に明確化されうるといえよう。

図表Ⅰ 二元的犯罪論（犯罪評価とその要件事実）

犯罪論	犯罪評価論 （評価構造論）	規範的評価論 （行為規範論）	違法性	犯罪性質論 （実体論） →刑法学
			有責性	
		可罰的評価論 （制裁規範論）	当罰性	
			罪刑法定主義充足性	
	犯罪事実論 （要件事実論）	評価要件事実論 （実体要件事実）	違法要件事実	
			責任要件事実	
			当罰要件事実	
			類型要件事実	
		認定要件事実論 （手続要件事実）	構成要件事実	犯罪認定論 （手続論） →刑訴法学
			阻却要件事実	

第2章

犯罪評価と評価要件事実

1　はじめに

　英米の犯罪論では、犯罪の成立要件を犯罪行為の客観面であるアクタス・レウス（actus reus）と主観面であるメンズ・リア（mens rea）に区別して論じる立場が有力である[1]。主として個々の犯罪成立要件事実に焦点を当てて、いわばカズイスティックに議論されるのであり、それを犯罪評価との関連で体系化するという発想には乏しい。個々の要件事実が犯罪の客観面と主観面という形で形式的に整理されるにとどまっている。これに対して、ドイツの犯罪論では、一般に違法性や有責性といった犯罪評価の観点から犯罪成立要件を体系化して論じようとする。犯罪がなぜ処罰されうるのかという実質的観点から見るならば、犯罪の「評価構造」の解明は重要であり、犯罪の評価構造に即して犯罪成立要件を体系化するドイツ法学のほうに理論的な利があるといってよい。犯罪の客観面と主観面といった区別のみでは、個々の事実が犯罪の成立といかなる関係を有するかはなお未解明のままである。各犯罪要件事実を犯罪評価と関連づけることによって、はじめて個々の要件事実が有する犯罪論上の意味や性質が明らかになる。しかし、そのドイツ流の犯罪論体系も、現に犯罪の「性質」を明らかにするのに相応しいものであるかといえば、大いに疑問である。以下、「犯罪評価」とその「要件事実」（実体要件事実と認定要件事実）という観点に注目しつつ、伝統的「犯罪論」の問題点につき理論的反省を加えることにしたい。

---

[1]　英米の犯罪論体系については、星周一郎「英米の犯罪体系論」法律時報 84 巻 1 号 49 頁以下参照。

2　伝統的犯罪論の問題点

　ドイツ刑法学では、ベーリングに源を発する「構成要件論」が支配的であり[2]、ドイツ刑法学の圧倒的影響のもとにあるわが国の刑法学においても、構成要件論が絶対的支配を誇っている[3]。そこでは、犯罪の「事実的基礎」が行為の構成要件該当性に求められている。そして、犯罪は「構成要件該当の違法・有責な行為」だと定義される。これは、犯罪成立要件を示しているといってもよい。本来、犯罪の定義は犯罪の「性質」を示すべきものといえよう。しかし伝統的刑法学によれば、この定義は、犯罪「認識」のあり方をも示すものと解されている。犯罪を認識するには、まず第一に行為の「構成要件該当性」判断を行い、そのうえで順次違法性・有責性の価値判断を行うべきものとされる。そして構成要件該当性判断は、事実判断ないし価値関係的事実判断だとされている。このような「事実判断」を前提とすることにより、裁判官の犯罪認定が安定するとされるのである。価値判断である違法性や有責性の評価は、裁判官の主観に左右されやすく恣意的になりがちである。そこで、まず構成要件該当性という事実的判断で違法・有責という価値評価の対象となる行為を限定しておくことが、裁判官の判断の恣意性を防ぐうえで何よりも重要だと解されているのである。このようにして伝統的刑

---

[2]　佐伯千仭「ベーリングといわゆる構成要件の理論（一）（二）」立命館法学15号1頁以下、18号1頁以下、山中敬一「ドイツにおける近代犯罪論の生成の現代的意義」法律時報84巻1号22頁以下など参照。

[3]　わが刑法学上の犯罪論の体系を概観したものとして、鈴木茂嗣『犯罪論の基本構造』（2012年、成文堂）47頁以下参照。

法学によれば、犯罪論は、犯罪の認識に当たっての判断順序の体系すなわち「認識論」的体系として構築されることになる。

しかし、犯罪論としてまず解明すべきは、「犯罪とは何か」という犯罪の「性質論」であるといえよう。犯罪の性質が明らかになって、はじめて犯罪の合理的認識のあり方も問題となりうる。伝統的刑法学も、もちろん犯罪の「性質」を問題として来なかったわけではない。伝統的刑法学が提示する犯罪の定義も、本来は「犯罪の性質」を示そうとするものといえよう。また、犯罪の「成立要件」も、犯罪の性質論として論じられるべきものであろう。しかし、伝統的刑法学における犯罪の成立要件は、犯罪の「性質論」ではなく「認識論」の体系で論じる他ないことになっている。これでは、まともに犯罪の「成立要件」を論じることは困難といわねばならない。

3　構成要件論の功罪

「構成要件」概念は、そもそも「阻却要件」ないし「阻却事由」と対をなす概念である。現に伝統的刑法学においても、構成要件と阻却事由は理論上対置して用いられてきた。そこでは、構成要件は違法行為類型（ないし違法・有責行為類型）とされ、構成要件に該当すれば当該行為は違法（ないし違法・有責）と推定され、あとは違法阻却事由（ないし違法・責任阻却事由）が問題となるのみだというのが、一般的な理解である。この観点に立てば、要するに犯罪は「構成要件」に該当し、「阻却事由」が存在しない行為だということになる。かくして違法性は、いかなる場合に違法性が阻却されるかという観点から、いわば消極的に論じざるをえないことになっている。しかし、違法論で重要なのは、むしろ違法性とはどのような評価であり、その評

価はどのような要件事実を基礎とするのか、また有責性などその他の評価とその性質上どのように異なるのか、ということであろう。認識論的「構成要件論」は、このような違法論の真の課題を真正面から検討する姿勢を曖昧にする傾向を有している。これは、責任論に関しても、多かれ少なかれ同様である。

　周知のように、いわゆる「構成要件論」の主張はドイツの刑事法学者ベーリングの著『犯罪論』[4]に由来する。その主張は、犯罪論において①罪刑法定主義との関連で立法者が示した個別の「行為類型」性を問題とする必要があること、②犯罪の認識は「事実」から「評価」へという順序で進めるべきこと、また③「事実認定」についても「客観的事実」から「主観的事実」へという順序で判断すべきことを指摘した点で、画期的なものであった。それ以前の犯罪論に比して、①は罪刑法定主義に連なる「個別犯罪行為類型」論、②は「犯罪評価と事実の関係」論、また③は「事実の認識・認定のあり方」論という、それぞれ新たな視野を拓くものであり、いずれも「犯罪論」の展開にとって不可欠のものであったといってよい。しかし、それらを「故意」の認識対象であるドイツ刑法典上の Tatbestand に結び付け、「刑法学」的検討の対象としたところに、ベーリングの構成要件論の問題点があった。そこから、①〜③のすべての視点が「刑法学」の対象とされることになり、「刑法学」的犯罪論の混迷が始まったといえよう。刑法は、犯罪とはいかなる行為かを定めるものであり、刑訴法は、その犯罪をいかにして合理的に認識・認定するかを定めるものといえる。したがって、犯罪の性質論は「刑法学」に、また犯罪の「認定論」は刑訴法学に委ねるのが妥当だったので

---

[4]   Ernst Ludwig Beling, Die Lehre vom Verbrechen（1906）.

ある。

　そもそもベーリング指摘の上記①は、犯罪の「性質」をめぐる問題点であるのに対して、③は、いかにして犯罪の存在を確認していくかという犯罪の「認識」をめぐる問題点である。そして、②は犯罪の性質論と認識論（認定論）双方にまたがる問題点といってよい。「刑法学」としては、論点①を中心に検討を進めるにとどめるべきであった。③は、むしろ「刑訴法学」的検討に委ねるのが妥当な論点だったのである。そして、②は犯罪の性質論と認定論を架橋する問題点として位置づけるべきであった。

　刑事訴訟上の犯罪の「認識」論は、犯罪の「認定」論に他ならず、本来「刑訴法学」的検討に委ねられるべき問題といわねばならない。ベーリングが指摘した各視点を適切に理論化するためには、「犯罪論」を刑法学と刑訴法学の両者で共同して検討するという発想が不可欠だったといえよう。しかし、実際にそうはならなかった。刑法学は「犯罪と刑罰に関する学」であり、犯罪論はもっぱら刑法学に属するとの「固定観念」が、そのような発想を邪魔したのかもしれない。このようにして、論点①②③のすべてが刑法学の課題となってしまったところに、ベーリング以後のドイツ刑法学における最大の問題点があった。刑法学上の「構成要件論」こそ、刑法学における「ねじれ現象」の元凶であるといってよい。

　伝統的刑法学者に「刑法学上の犯罪論とは何か」と問えば、間違いなくほとんどの論者から、それは「犯罪の認識論だ」という答えが返ってくるであろう。そして現に伝統的犯罪論の体系は、認識論的に組み立てられてきた[5]。そのような「認識論」的体系の中で、「犯

---

[5]　鈴木『犯罪論の基本構造』47 頁以下参照。

罪とは何か」という犯罪の「性質論」（犯罪成立要件論）を展開しよう
とすれば、おのずとその議論は複雑になり、一貫して説明しようと
すればするほど混乱に陥る。構成要件論を前提とする伝統的刑法学
は、自ら「認識論」という縛りをかけて「性質論」を展開するとい
う無謀な試みを企てようとするものに他ならない。

　犯罪の性質論は性質論として、また犯罪の認識論は認識論として
純粋に展開するべきである。そのためには、前者を「刑法学」の、
そして後者を「刑訴法学」の課題とするのが、学問的に最も妥当な
あり方といえよう。その意味で「犯罪論」自体は二元的に、すなわ
ちハイブリッドに構成される必要がある。しかし、刑法学的犯罪論
や刑訴法学的犯罪論はハイブリッドでなく、それぞれの課題解決に
向けたサラブレッド体系でなくてはならない[6]。

4　刑法学的犯罪論のあり方

　上述のように「刑法学」的犯罪論は、犯罪の「性質論」として純
化されるべきである。そしてその「性質論」としては、犯罪行為に
はどのような法的評価が妥当するかという犯罪の「評価構造論」と、
その評価を基礎づける「評価要件事実論」（実体要件事実論）の展開が
不可欠である。

　犯罪の評価構造としては、違法性、有責性、当罰性、罪刑法定主
義充足性などの評価を検討する必要がある。犯罪は、「①違法・②有
責・③当罰的で、かつ④罪刑法定主義を充足する行為」と解すべき
である。そして「罪刑法定主義」を充足するためには、問題とされ

---

[6]　鈴木『犯罪論の基本構造』193 頁以下および 393 頁以下参照。

る行為が法律上犯罪として立法者の明示する個別の行為類型、すなわち「犯罪（行為）類型」に該当すること（犯罪類型該当性）が必要である。

　そして一定の価値評価は、一定の事実が人間生活上有するその意義に応じて定まると解される。それゆえ犯罪の性質論としては、各評価を基礎づける「評価要件事実」（実体要件事実）の解明もまた重要課題となる。刑法学上、「違法」要件事実・「責任」要件事実・「当罰」要件事実・「犯罪類型」要件事実など「実体要件事実」に関する真正面からの検討が要請される。

5　実体要件事実としての評価要件事実

　それでは、「違法性」の実体要件事実（違法要件事実）としていかなる事実を問題とすべきか。伝統的犯罪論においても、構成要件該当事実は違法行為類型事実（ないし違法・有責行為類型事実）とされており、すでに構成要件該当事実が「違法要件事実」的に扱われてきたといえるかもしれない。構成要件該当性は、違法性の存在根拠ないし認識根拠だともされてきた。しかし理論的には、むしろ伝統的刑法学において「実質的違法性」として論じられてきたところの方を、ここでいう違法要件事実論に対応させるのが妥当であろう。いわゆる結果無価値（結果反価値）論的観点からは、「法益侵害の危険性」が「違法化要件事実」となり、これに勝る「法益保全の期待性」が「正当化要件事実」となると解される。

　「責任」要件事実についてはどうか。伝統的刑法学によっていわゆる「責任要素」として挙げられてきた故意・過失や責任能力・期待可能性・違法性の意識可能性などは、それぞれ明確に有責性の「評

価要件事実」と位置づけて、その具体的内容を検討すべきものといえよう。何ゆえこれらの事実が評価要件事実となるかは、責任評価の具体的性質をどう理解するかと密接に関連する。責任評価を違法行為者に対する「非難可能性」と解するならば、「有責性」は、違法行為の「回避可能性」（適法行為の期待可能性（広義））を前提とする評価と解されねばならない。回避可能であるにかかわらず回避せず違法行為を行った場合に、はじめて当該行為者に対して非難が可能となるのである。

　それでは、いかなる事実があれば、当該違法行為が回避可能であったといえるか[7]。違法行為を合理的・理性的・目的的に回避しえたとするためには、行為者が①自己の行おうとしている行為の事実的性質を認識し、②その認識に基づいて当該行為の違法性を弁識し、③その弁識に基づいて違法行為の回避を決意し、④実際に違法行為の回避を遂行・実現するという四つの段階で、それぞれその「可能性」が担保されている必要があるといえよう。すなわち、責任要件事実は、①認識可能性（予見可能性）、②弁識可能性、③決意可能性、④遂行可能性を、それぞれ根拠づける諸事情であるといってよい。それらの事情は、行為者の能力面の事情と行為環境面の事情とに大別することができる。もっとも、③と④は回避に適した行為（回避適性行為）の決意可能性として、一括することも可能であろう。そして、いわゆる「故意・過失」は①と、「違法性の意識可能性」は②と、「期待可能性」（狭義）は③の行為環境面と、「責任能力」は②③の行為者能力面と、また過失犯におけるいわゆる「結果回避可能性」（狭義）などは④と、それぞれ関係しているといえよう。何を責任要件事実と

---

[7]　鈴木『犯罪論の基本構造』303頁以下参照。

解するかは、このように責任評価をいかなるものと考えるかと密接に関係している。それゆえ個々の責任要件事実に関しても、責任評価のあり方と関連させて、これを体系的に理解することが必要である。その意味で、刑法学的犯罪論においては、犯罪の評価構造と評価要件事実の分析が何よりも重要な検討課題だといってよい。

　ちなみに責任能力に関しては、責任要素ではなく「責任前提」であるとする見解も有力である[8]。しかし以上のように考えれば、責任能力をとくに責任前提と位置付けるべき理論的必要は存しない。体系的には、上述のように責任能力を「責任要件事実」(責任要素)の一つと位置づけるほうが、むしろ適切なのである。

　「犯罪類型」要件事実についても、一言しておこう。伝統的刑法理論においては、主観的な「故意・過失」は「構成要件」に属さないとする見解も有力である。しかし、立法者が故意犯のみを処罰しようとしているのか、過失犯をも処罰しようとしているのかは、罪刑法定主義的観点からはきわめて重要な問題である。したがって故意・過失は、「犯罪類型」要件事実に当然含まれるものと解すべきである。犯罪を「構成要件該当の違法・有責な行為」と定義しつつ、「構成要件」要素から故意・過失を除外することになれば、犯罪の成立にとって不可欠な「罪刑法定主義の充足」を体現する犯罪成立要件が、犯罪論上どこにも存在しないということになりかねない。

　このようにして、各評価要件事実が存在すれば、問題となる行為にそれぞれの犯罪評価が妥当することになり、一定の犯罪の成立がおのずと認められる。かかる過程が担保されるよう理論的な「お膳

---

[8]　平野龍一『刑法総論Ⅱ』(1976年、有斐閣) 281〜282頁、大谷實『刑法総論講義』(第4版補訂版、1996年、成文堂) 326〜327頁、浅田和茂『刑法総論［補正版]』(2007年、成文堂) 282頁。

立て」をしておくのが、「刑法学」的犯罪論の重要な任務といえよう。
刑事法関係の実務家などからは、犯罪認定においては実際上法律解
釈よりも事実認定の方が重要であり、事実認定が正しく行われるな
らば、おのずと正当な裁判に至りうると指摘されることもある。し
かしそのためには、このような「お膳立て」が予め適切になされて
いる必要がある。それゆえ、刑法学は「実体要件事実」の厳密な検
討にその力を注ぐ必要がある。そして、そのためには犯罪評価の構
造や各評価のあり方の検討にも理論上細心の注意が払われねばなら
ない。伝統的刑法学では、これらの点の意識的検討がこれまで不十
分であったことは否めない。とくに「要件事実」論の意識的展開に
ついては、手薄であったといってよい。

6　犯罪評価のあり方と評価要件事実

　また伝統的刑法学は、「犯罪評価」論の面でも、その分析に緻密さ
を欠くところがあったといえよう。たとえば、違法性・有責性・当
罰性等の評価についても、一般には、すべて「行為」に対する評価
として論じられることが多い。犯罪は「構成要件該当の違法・有責
な行為」であるとの定義が、端的にこれを示している。私見でも、
「犯罪は違法・有責・当罰的で犯罪類型に該当する行為」とすること
はある。しかし、厳密にいうならば、「違法性」はまさに「行為」に
対する評価であるものの、「有責性」はむしろ「行為者」に対する評
価であり、「当罰性」は行為者と処罰主体となる国家との間の「関係」
に対する評価とみるべきである。すなわち、有責性は違法行為をし
た行為者に対する非難可能性の評価であり、当罰性は国家と行為者
の間に当罰的法律関係を認めてよいかという評価の問題なのであ

る。「罪刑法定主義の充足」も、違法行為者処罰のために国家が予め適正な法的措置を講じているかどうかという評価を問題とするものに他ならない。煩雑さを避け、それらを便宜上「違法・有責・当罰的で犯罪類型に該当する行為」と一括して表現しているに過ぎないことを看過してはならない。各評価の緻密な分析は、いかなる事情をいかなる意味で評価要件事実と解するかと密接に関係しているといってよい。

　たとえば、責任評価を違法行為者への非難可能性評価と解するならば、責任要件事実として違法行為の「事前回避」の可能性を基礎づける事実が問題とされねばならない。責任評価自体は、違法行為をしたことを理由とする非難可能性であるから、違法行為の時点で初めて成立する。それでは、責任要件事実はどの時点で存在すべきか。一般に、責任要素は行為の主観面の問題だとされてきた。しかし前述のように、いわゆる責任要素は、責任要件事実として違法行為の前に存在すべきものである。責任評価成立の時期と責任要件事実存在の時期とは、必ずしも一致しない。

　通説によれば、責任に関しては「行為と責任の同時存在」の原則が妥当するとされる。しかし、この原則は「責任評価」には妥当するものの、「責任要件事実」については必ずしも妥当しない。後者については、むしろ「事前存在」の原則が妥当するのである。通説の背後には、責任評価も「行為」を対象とする評価だとする前提があるように思われる。それゆえ責任要素を行為自体の主観面に求めようとするのであろう。しかし厳密にいえば、責任評価は違法行為を理由とする「行為者」に対する評価であり、違法行為以前に行為者がどのような状況（違法行為を回避しうる状況）にあったかこそが重要なのである。このように見てくれば、いわゆる「原因において自由

な行為」や「故意」についても、伝統的発想とは異なった理解に至りうる。そしてそれにより、これらの問題についても簡明な理論展開が期待できるといえよう。

　通説は、「原因において自由な行為」は「責任主義」に反するという。しかし「原因において自由な行為」とは、まさに「原因において自由に回避可能であった違法行為」を意味する。それゆえ、そのような行為は「責任原則」(責任主義)に合しこそすれ、それに反するものではないといえよう。事前に回避可能であった違法行為については、当該違法行為者に有責性を認めて何ら差支えないのである。それが責任原則に反するかに思えるのは、有責性を行為自体の性質に基づく評価だとする「固定観念」を前提にするからに他ならない。

　さらに責任要件事実である「故意」についても、違法行為の事前回避可能性と関連づけ、違法行為の「事前」選択意思と解するのが妥当である[9]。一般に「故意」は、行為自体の主観面の問題と解されているといってよい。しかし、故意行為は、事前に自由に回避しうるにかかわらずあえて違法行為を選択したがゆえに、かかる事前選択意思のない過失行為より重く罰せられるのだと解するのが妥当である。

　それ故、いわゆる「故意」の「原因において自由な行為」についていえば、「責任と行為の同時存在」の原則との調整というより、当該違法行為が「故意」に基づく行為といえるかという点にこそ、慎重な検討を要することになる。このようにして、有責評価とその評価要件事実の明確な区別は、責任論に新たな視野を拓くことを可能にするといえよう。

---

[9]　鈴木『犯罪論の基本構造』287頁以下参照。

　当罰性評価についても緻密な検討が必要である。伝統的刑法学において も、「可罰的違法性」や「可罰的有責性」が問題とされてきた。当罰性評価としては、これで十分であるかのように思われるかもしれない。しかし、当罰性を違法論や責任論の領域で論じることには、理論的に疑問がある。厳密にいえば、違法性は行為に対する評価であり、有責性は行為者に対する評価である。これに対して「当罰性」は、前述のように、処罰者である国家と処罰される行為者との制裁関係に対する評価といわねばならない。端的にいえば、それは国家に「処罰」適格を認めてよいかの評価なのである。それゆえ当罰要件事実としては、行為者を処罰する国家側の諸事情も当然考慮に入れる必要があるといえよう。たとえば罪刑法定主義の充足すなわち犯罪類型該当性も、国家が犯罪処罰に当たり必要な措置を事前に十分に講じたかどうかを問題とするものであり、広義で当罰性評価（処罰適格性評価）の一環といってよい。また、いわゆる犯意誘発型の「おとり捜査」のような事情は、主として「行為者」側の問題に焦点を当てる「違法」論や「責任」論の領域で考慮することには理論的限界がある。当罰性を制裁関係に関する独自の評価とみてその評価要件事実を検討する場合に、初めてそれは犯罪の成立を左右する事由として正面から理論的検討の俎上に上ってくるといえよう。

7　犯罪の性質論と客観的帰属論

　刑法学的犯罪論深化のためには、上述のように犯罪評価とその要件事実に関する緻密な理論的検討が必要である。そして、その検討に当たっては、まずは犯罪の「認識論」を括弧にくくり、純粋に犯罪の「性質論」として議論を進めることが肝要である。そこでは、

いわゆる「構成要件論」などにみられるような安定的判断のための「判断順序」といった考え方にとらわれる必要はない。犯罪評価についても、すべての評価が同時に競合的に妥当するという視点から、いわば「静的に」犯罪をとらえれば足りるのである（もっとも、有責性は違法性を前提とするといった評価の論理的順序には意を用いる必要がある。）。このような発想が理論上実益を発揮する典型例として、いわゆる「因果関係論」（客観的帰属論）をあげることができよう[10]。

　伝統的「構成要件論」によれば、行為への結果帰属（客観的帰属）の問題は、構成要件該当性（行為類型性）の問題として事実的に解決されねばならないことになる。それゆえ、従来から条件説・原因説や相当因果関係説などが対立し、一応因果関係の経験則的通常性に着目する「相当因果関係説」が通説化したものの、その具体的判断基準をめぐってはなお争いが残った。判例も、条件説的傾向にあるとされることが多い。その後、最高裁判例の新たな展開によって「相当因果関係説の危機」とも称される状況が生じるとともに、ドイツ刑法学の影響で学説上いわゆる「客観的帰属論」が台頭し、規範的観点を考慮しつつその帰属を論じる見解も有力化した。しかし、構成要件的帰属論として、いかなる形で規範的観点を持ち込むかについては、必ずしも明快な解決が示されているとはいえず、違法論との区別は依然曖昧なままである。しかし、構成要件論を捨て、純粋に犯罪の「性質論」として「犯罪類型」性を検討するならば、端的に「犯罪類型的結果は、当該結果の回避義務違反の違法行為に帰属する」と解しうることになる。これによって不作為犯の因果関係なども、理論上合理的に説明することができるといえよう。

---

[10]　鈴木『犯罪論の基本構造』337頁以下参照。

　「性質論」としては、犯罪は違法行為であると同時に犯罪類型にも該当する行為なのであるから、行為の違法性（違法行為）を前提に結果の帰属を問題にしても理論上何ら問題はないはずである。伝統的犯罪論が因果関係を事実的な問題として処理せざるをえなかったのは、「構成要件論」が違法論を前面に出すことを邪魔していたからに他ならない。それゆえ、因果関係の経験則的通常性（自然的因果関係の相当性）といった事実的側面に帰属の基準を求めざるをえなかったのである。「刑法学」的犯罪論としては、構成要件論を刑訴法学的犯罪論に潔く譲り渡してその重荷を下ろし、犯罪の「性質論」に徹して理論の簡明化を図るべきである。

8　刑訴法学的犯罪論のあり方──認定要件事実論

　以上の「性質論」に対して、犯罪の「認定論」では性質論で明らかにされる「実体要件事実」をいかにして合理的に認定するかが検討されるべきことになる。そしてそこでは、主張責任や立証責任、また事実の推定など、訴訟法的な規律との関係が考慮されねばならない。そこに登場するのが、「構成要件」事実と「阻却要件」事実という両要件事実の対置である[11]。

　具体的には、刑訴法上の「訴因」制度や「有罪判決理由」の判示方法がそれらと関わる。刑訴法によれば、起訴状には「罪となるべき事実」を記載すべきものとされ（刑訴§256Ⅲ）、また有罪判決にはその理由として「罪となるべき事実」を必ず記載しなければならず、法律上「犯罪の成立を妨げる理由」となる事実が主張されたときは、

---

[11]　鈴木『犯罪論の基本構造』167頁以下参照。

これに対する判断を示さなければならないとされる（刑訴§335Ⅰ・Ⅱ）。ここで「罪となるべき事実」とされているのが「構成要件事実」であり、「犯罪の成立を妨げる理由となる事実」とされているのが「阻却要件事実」である。これらも一定の目的を達するための「要件事実」であるが、実体的評価を直接基礎づける実体要件事実（評価要件事実）とは区別されるべき認定論上の要件事実として、「認定要件事実」と呼ぶのがふさわしい事実といえよう。両者は機能を異にし、理論上厳密に区別されねばならない。しかし同時に、認定要件事実は実体要件事実の「認定」に当たって不可欠な事実として、両者相互に密接な関連を有するものであることを看過してはならない。訴訟手続上直接に主張・立証の対象となるのは、「評価要件事実」ではなく「認定要件事実」の方である。すなわち、訴訟手続上の「認定要件事実」の主張・立証を前提に、事実の推定や主張・立証責任といった訴訟法的規律を介して、「評価要件事実」という「実体要件事実」が認定されることになるわけである。

　たとえば「責任能力」の存在は、有責性の評価要件事実の一つであり、刑法上行為者が有責であるためには、実際に責任能力が存在することを要する。しかし訴訟手続上、検察官は被告人における責任能力の存在を常に積極的に主張・立証するまでの必要はない。被告人は、訴訟上原則として責任能力を有する一般的平均人と推定（いわゆる「許容的推定」）されているのである[12]。したがって「責任能力」については、例外的に「特段の事情」（たとえば、被告人側が責任無能力を主張したり、証拠調の過程で責任無能力である疑いが生じたといった事情）がある場合に、「責任無能力」の如何を立証課題とすれば足りる。す

---

[12]　いわゆる「許容的推定」については、平野龍一『刑事訴訟法』（1958年、有斐閣）184頁、鈴木『犯罪論の基本構造』177〜178頁参照。

なわち「責任能力」が、直ちに犯罪認定に当たっての「構成要件事実」となるのではなく、むしろ「責任無能力」が例外的な「阻却要件事実」となるのである。もちろん、阻却要件事実の存在につき疑いが残れば、無罪推定原則により被告人は無罪とされることになる。

　これに対して「犯罪類型」該当事実中、故意・過失を捨象した「固有犯罪類型」事実は、犯罪を最も端的に特徴づける事実として、それ自体を「構成要件事実」と解し、責任類型要素である「故意・過失」については、自己の行為がこの固有類型的行為に当たることを知りつつ選択した場合が「故意」の「構成要件事実」、故意には至らないが固有類型的行為であることの「予見可能性」はあった場合が「過失」の「構成要件事実」と解するのが妥当である。そして犯罪類型は「法益侵害行為」類型であるから、犯罪類型該当事実の立証があれば、「違法化要件事実」(行為の法益侵害性)も同時に立証されたことになり、「犯罪類型性」が認定できるだけでなく、特段の事情がない限り「違法性」も推定される。したがって、正当防衛等の「正当化要件事実」は、例外的な立証事項として「阻却要件事実」に位置づければ足りるということになる。

　責任能力や犯罪類型要件事実に限らず、その他の評価要件事実に関しても、認定要件事実としての構成要件事実と阻却要件事実の区別の検討は、理論上不可欠である（本書34頁以下参照）[13]。

9　おわりに——二元的犯罪論の提唱

　以上のように「犯罪論」は、刑法学と刑訴法学が分担して検討す

---

[13]　鈴木『犯罪論の基本構造』185頁以下参照。

べき学問分野であり、「刑法学的」犯罪論は犯罪の「性質」の解明を、また「刑訴法学的」犯罪論は犯罪の合理的「認定」のあり方の解明をその任務とすべきである。そして、犯罪の「性質論」（刑法学的犯罪論）としては、犯罪の「評価構造」とその「評価要件事実」の解明を、犯罪の「認定論」（刑訴法学的犯罪論）としては、「評価要件事実」の合理的認定のための「認定要件事実」（構成要件事実と阻却要件事実）の解明を、主たる課題とすべきである。訴訟手続的に直接の主張・立証対象となるのは、この認定要件事実に他ならない。認定要件事実の訴訟手続上の主張・立証を通じて、実体的な評価要件事実の存在が認定されることになる。

　犯罪の「性質論」と「認定論」の区別を前提としたこれら両「要件事実論」の展開によって、刑法学と刑訴法学の架橋、また刑法「理論」と刑事法的「実践」の架橋が実現されるとともに[14]、各犯罪論の簡明化も図られることになる。また、刑事要件事実論の展開は、近時要件事実論が盛んな民事法学との対話のための基盤作りにも役立つであろう[15]。

　要するにわれわれは、刑法学がひとり支配していた「独占型」犯罪論から刑法学と刑訴法学の「分業型」犯罪論（「二元的犯罪論」）へと、「犯罪論」を変革しなければならない。

---

[14]　周知のように、これは平成の「司法改革」の一理念であった。

[15]　ちなみに、私見の発想の民事版であると明言しつつ民事の要件事実論を展開したものとして、すでに賀集唱「要件事実の機能——要件事実論の一層の充実のための覚書」司法研修所論集 90 号（1994 年）がある。

第3章
責任要件事実と目的的行為論・主体的行為論

1 はじめに

　刑法学における基本的対立として、従来一般に客観主義と主観主義の対立が問題とされてきた。そして、前者はいわゆる旧派に対応し、後者は新派に対応するとされる。しかしその後ドイツでは、次第に「構成要件論」を主軸とする規範主義的な客観主義刑法学が学界の主流を占めるようになった。これに対して根本的見直しを迫ったのが1930年代以降のヴェルツェルの諸論文に代表される「目的的行為論」である[1]。この目的的行為論は、いわば時代を画する基礎理論としてその後のドイツ刑法学説・判例の展開にも大きな影響を与えてきた。

　ドイツ刑法学の影響が強いわが国でも、基本的にこれに従いあるいはその影響を受けて独自の目的的行為論を展開した有力論者は少なくない。積極的に目的的行為論を採用する論者には、平場[2]、福田[3]、木村[4]、井田[5]などがあり、平野も初期には目的的行為論に与した[6]。

---

[1]　福田平・大塚仁訳・ハンス・ヴェルツェル『目的的行為論序説——刑法体系の新様相』(1962(昭和37)年、有斐閣)、福田平編訳・ハンス・ヴェルツェル『目的的行為論の基礎』(1967(昭和42)年、有斐閣)など参照。

[2]　平場安治『刑法総論講義』(1952(昭和36)年、有信堂)、同『刑法における行為概念の研究』(1961(昭和36)年、有信堂)など参照。

[3]　福田平『刑法総論[全訂5版]』(2011(平成23)年、有斐閣)、同『刑法解釈学の基本問題』(1975(昭和50)年、有斐閣)同『刑法解釈学の主要問題』(1990(平成2)年、有斐閣)、同『刑法解釈学の諸問題』(2007(平成19)年、有斐閣)など参照。

[4]　木村亀二『刑法総論』(1959(昭和34)年、有斐閣)参照。

[5]　井田良『刑法総論の理論構造』(2005(平成17)年、成文堂)、同『犯罪論の現在と目的的行為論』(1995(平成7)年、成文堂)など参照。

もちろんこれに対する批判も有力である。佐伯は、目的的行為概念は人間行為の典型を示したものであって、いわばマックス・ヴェーバーのイデアルティプス的な方法論的概念としては重要だとしつつも、犯罪行為には、この典型にぴったり当てはまるものもあればそうでないものもあり、それらをも包含するような体系的行為概念が要請されるとする[7]。団藤も、「人の身体の動静がその背後においてその者の主体的な人格態度と結びつけられ、その者の人格の主体的現実化とみとめられるばあいに——そうしてかようなばあいにかぎって——これを行為と解する」との立場をとりつつも、「行為の主体性がみとめられるのは、目的の設定という意識的な心理作用が働くばあいに限定されるものではない」としている[8]。

　しかし、目的的行為論の理論的意義には、これらの議論だけでは尽されえない問題点が今なお存在するように思われる。以下この点に関して、行為論の観点から簡単に検討を加えることにしたい。

2　犯罪行為と目的的行為論

　「目的的行為論」は、当時のドイツ刑法学の主流をなす行為論に対して、いずれも実証主義的思想を前提とする「因果的行為論」であり、自然科学的な機械的因果思想を文化の世界に持ち込むものだとして厳しくこれを批判し、価値的・社会的な存在としての人間行為

---

[6]　平野龍一「故意について（一）（二）」法学協会雑誌67巻3号（1949（昭和24）年）226頁以下、同67巻4号（1949（昭和24）年）351頁以下参照。

[7]　佐伯千仭『刑法学の問題点』同『刑事裁判と人権』（1957（昭和32）年、法律文化社）393頁以下。

[8]　団藤重光『刑法綱要・総論』（1957（昭和32）年、創文社）67頁以下。さらに、内藤謙『刑法理論の史的展開』（2007（平成19）年、有斐閣）2頁以下も参照。

の基本構造を端的に検討すべきだとした。新カント派哲学に基礎を
置く当時主流の刑法学は、犯罪と刑罰の因果的自然科学的認識を目
指した実証主義的なリストの犯罪論などと同様に、没価値的で機械
論的な盲目的な因果関係を基礎とする実在概念を予定しつつ、これ
を価値論的評価の次元で補完することによって有意味な現実へと形
成しようとするものにすぎないとする。そして、真の価値は実在に
外部から付加されるものではなく、深く実体的なものに根を下ろし
ているとの基本姿勢のもとに、端的に社会的な人間行為の存在構造
を明らかにしようとするのである。一切の社会生活は社会構成員の
目的活動によって構成される。人は一定の目的を設定し、その目的
達成のための手段を選択し、盲目的因果関係を支配してその目的を
達成するのである。意思は、必然と偶然を止揚するものであり、現
実を形成し変更する要因である。このようにして目的的行為論は、
意思による目的的行為支配に行為の存在構造を見るのである。そし
て法的評価は、対象の存在構造によって規制され拘束されるとし
（「事物論理構造」による法的評価の拘束性）、伝統的に「責任」要素とされ
てきた意思を、むしろ「行為」要素であり「違法」要素であるとし
て行為無価値論ないし人格的違法論を展開するのである。このよう
にして目的的行為論は、伝統的刑法学を根本的に変革しようとする
理論として、大きく注目されることとなった。目的的行為論による
刑法解釈学的帰結としては、上述の違法論のほか、故意の構成要件
要素化、違法性の意識に関する責任説、正犯基準としての行為支配
説、共犯の正犯故意への従属性説などが挙げられている[9]。

　このように目的的行為論は、構成要件該当性・違法性・有責性な

---

[9]　井田良・前掲注3『刑法理論の現在と目的的行為論』23頁以下参照。

どの刑法的評価の対象としての「行為」を問題とし、それは単なる
盲目的因果経過ではなく目的的な因果支配行為を意味するとし、行
為の違法性についても行為の目的性が重要な意味を有すると解する
のである。人間行為は、目的的意思に導かれ盲目的な自然的因果関
係を支配し操縦する行為だとされる。そして、およそこのような人
間的目的的行為のみが刑法的評価の対象となりうるとするのであ
る。しかし、「目的的行為論」によって、社会的・法的に問題となる
行為がおよそ目的的行為に限られねばならないことの論証が適切に
なされているかは疑問である。目的的行為論は、人間の行為が盲目
的な因果に過ぎないものでなく、むしろ因果関係を支配する目的的
なものでありうることを明らかにしたとはいえる。しかし、人間の
行為が目的的行為以外のものではありえないことまで論証している
とはいえないであろう。わが国でも、たとえば目的的行為論に立つ
井田は、構成要件該当評価を論じる以前の行為論として、人間の行
為である以上すべて何らかの意味で目的的行為であることを強調す
るが、目的的行為論によってそこまでの論証がなされているとは到
底いえない。むしろ、刑法が処罰の根拠として問題にする人間の態
度には目的的性格のものもあり非目的的な性格のものもあるという
発想こそ、犯罪「行為」の存在構造を率直に捉えるものといえよう。
目的的行為論は、人間の典型的行為論としては有意義である。佐伯
は、人間行為の理念型を示すとした。しかしそれ以上のものではな
い。行為の目的性は、実際に目的的行為とみられる行為につきそれ
相当に配慮すれば、それで十分といえよう。社会的に法益侵害の原
因とされる人間行為として、非目的的行為を問題とすることを積極
的に妨げる理論的根拠はない。行為者の非人間的な態度であっても、
社会的に法益侵害結果をもたらす態度とみられる限り、そのような

態度を法的に処罰の根拠とすることが不合理だというわけではない。

　そもそもヴェルツェル流の目的的行為論は、新カント派的な認識論的発想を前提とするそれまでの伝統的犯罪論を厳しく批判し、自らを「存在論」的犯罪論に立つものと自負する。しかし、自らも違法・有責等の評価に先立つ「行為」をまずそれ自体として問題とするという形で「判断順序」の枠にこだわって議論を展開しており、その意味ではやはり認識論的発想を引きずっているといわざるをえない。刑法学的犯罪論として重要なのは、むしろ犯罪とされる「行為」とはどのような性質の人間態度かという「犯罪行為」の端的な「性質論」であろう。

　したがって「行為」を論じるにあたっても、犯罪とされるべき「行為」がどのような性質を有すべきかを端的に検討すれば、刑法学的犯罪論としては十分である。その意味では、わが国における代表的目的的行為論者の一人である平場が、故意犯のみを「行為」とし、過失犯や不作為犯を「不行為」と性格づけていたのは示唆的である[10]。目的的行為のみを人の「行為」と解するのであれば、このように主張するのが理論的に徹底していよう。しかし、後述のように「目的」と「故意」は理論上厳密に区別すべきであり、故意行為と目的的行為を等置することには疑問がある。また用語上も刑法典は明らかに犯罪を「行為」とみる前提に立っており（刑§35〜41など参照）、「犯罪は行為である」との大前提自体を揺るがすことには法解釈論上問題がある。むしろ犯罪とされる「行為」には目的的行為と非目的的行為がありうるという前提で、端的に犯罪論を展開するのが優

---

[10]　平場安治・前掲注2『刑法総論講義』43頁以下参照。

れているといえよう。

　なお福田は、「目的的行動力の範囲内にある人間の行態」を犯罪概念の基底と解することにより「目的的行為論」を維持できるとする[11]。しかし、「目的的行動力」の範囲という行為の「可能性」によって行為概念を統一しようとするのは、かつてヴェルツェルが主張しニーゼの根本的批判にさらされた「潜在的目的性」による統合論と大同小異であり、犯罪行為の現実的・存在論的基礎を問題とする目的的行為論本来の趣旨にはそぐわないといえよう。もっとも「目的的行動力」自体は、犯罪論上重要な視点といえる。しかしそれは、後述のように犯罪回避のための目的的行動力という観点から、法益侵害行為を理由とする行為者の有責性を基礎づける根拠として、「期待可能性」の理論と関連づけて責任論で論じるのが妥当な問題というべきである。

3　犯罪行為と主体的行為論

　目的的行為論は、人間行為の主体性に着目するものといってよい。これに対して団藤は、刑法的評価の対象となる人間行為は人格の主体的現実化に他ならないとして、むしろ行為の「主体性」を端的に強調する（主体的行為論）。団藤は、目的的行為論が主体的な行為理論の樹立を意図する点では自説と志向を共通にするとみるが、犯罪評価の対象である行為を目的的行為に限定するのは狭すぎるとするのである。しかし、ここで注意を要するのは、いずれにせよ両行為論で問題とされているのは、「犯罪と評価される行為」の性質であるこ

---

[11]　福田平・前掲注3『刑法総論（全訂5版）』59頁以下参照。

とである。

　しかし、なぜ法規範によって不許容とされる行為（犯罪行為）が、行為者の主体的行為や目的的行為に限定されねばならないのか。その理由は、必ずしも明確でない。犯罪結果が帰属される人間の態度であれば、主体的態度であれ非主体的態度であれ、また目的的態度であれ非目的的態度であれ、むしろともに不許容とされると解するのが合理的である。目的的や主体的であるべきなのは法が不許容としている「犯罪行為」なのではなく、むしろ法によって期待されている「犯罪回避行為」の方である。目的的行為論であれ、主体的行為論であれ、これまでの「行為論」はすべて犯罪評価の対象たる「行為」の基本構造を問題とするものとして展開されてきた。しかし、犯罪論における行為論としては、犯罪行為（犯罪結果惹起行為）のみならず犯罪回避行為にも注目する必要がある。刑法理論の歴史を顧みるとき、違法行為の付随事情に着目したいわゆる「期待可能性」の理論は、責任論上とくに「犯罪回避行為」の期待可能性に注目すべきことを指摘した点で、画期的な理論であったといってよい。いわゆる「心理的責任論」から「規範的責任論」への発想の転換である。しかし残念ながらその発想は、現在に至るも、犯罪論体系上未だ十分に生かされているとはいえないように思われる。

　いわゆる期待可能性論が直接に問題とする「行為決意」の面のみならず、故意・過失や違法性の意識可能性、責任能力など、いわゆる責任要素全般について改めてこのような視点から理論的検討を加えることが必要ではないか。目的的行為論や主体的行為論は、犯罪行為の基本構造ではなく、むしろ犯罪回避行為の基本構造を明らかにするところに、その理論的意義を見出すべきではないか。目的的行為論は、人間行為の特質を明らかにするという点では、まさに適

切・有益な議論であった。しかし、犯罪論における理論的位置づけにおいては、その適切さを欠いていたというべきではないか。

　犯罪とされる行為は、社会的にみて犯罪結果の起点とされうる人間の態度であれば、それで十分である。その行為が行為者にとり目的的ないし主体的に回避できるものであったのであれば、これを刑罰非難の根拠となる「犯罪行為」として、何ら差支えない。目的的・主体的でなければならないのは、当罰的な人間態度自体ではなく、むしろそれを回避する行為のほうである。たとえば、いわゆる責任能力は一般に「事物の是非善悪を弁識し、これに従って行為する能力」をいうとされるが、これが主体的犯罪回避行為能力を問題とする趣旨であることは明らかであろう。犯罪とされるべき行為自体は、社会的に犯罪結果の起点とみなされる人間の態度であれば、それで足りるのである。

　しかし、犯罪行為につき「主体性の理論」を展開した団藤は、次のようにいう。「刑法的評価の対象となる事実の中核をなすのは行為である。犯罪は、つまりは、行為者にその刑罰的非難を帰することのできるものでなければならない。したがって、責任判断についてはむろんのこと、さかのぼって違法性判断、さらにさかのぼって構成要件該当性の判断についても、行為者に対する非難ということを考えるのに適したものでなければ、その対象とすることはできない。したがって、刑法で考えられる行為は、行為者人格の主体的現実化とみとめられるものでなければならない。単なる反射運動や絶対的強制による動作は、刑法における行為としてははじめから問題にならないのである。」と。しかし、違法とされる人間態度じたいが主体的なものでなければならないとする合理的理由はない。たとえば反射運動や絶対的強制による動作であっても、その行為者が事前

にそれを主体的に回避しえたというのであれば、刑罰非難の根拠とすることは十分に可能であろう。

　団藤も有責性に関して、刑罰非難を「行為者」に帰するとか、「行為者」に対する非難とかいう表現を用いる。これは、暗黙のうちに責任非難が「行為者」に対するものであることを前提としているといえよう。しかし、いざ責任評価を理論的に検討する段階になると、刑罰非難は行為自体の性質によって左右されるとの前提で議論が展開される。そして、責任判断であれ違法判断であれ構成要件該当性判断であれ、そもそも刑罰的非難を帰することができるような性質を有する行為が評価の対象として想定されねばならないとして、行為における「自主性」を重視するのである。このように刑法的評価はすべて「行為」に対する評価であるとする発想は、ひとり団藤に限らず、ほとんどすべての刑法学者が暗黙の前提とする発想だといってよい。一般に犯罪を「構成要件該当の違法・有責な行為」と定義して何ら理論的疑問を抱かない姿勢に、端的にそれが現れている。この定義に忠実に、犯罪評価を行為自体に対する評価と解するなら、行為の性質いかんが評価要件問題の中核とされるのは自然の成り行きであろう。そして伝統的に、違法性は基本的に行為の客観面に着目した評価であり、有責性は基本的に行為の主観面に着目した評価だと解されてきた。

　たしかに、上述の犯罪の定義は、単純明快で便利な定義である。しかし、犯罪評価のあり方の精密な理論的分析に当たっては、より緻密に考えていく必要がある。違法評価はまさに行為自体の性質に基づく評価といえよう。しかし、有責評価すなわち非難可能性の評価は、厳密には「行為者」に対する評価であり、むしろ行為者が行為前にどのような状況にあったかに左右される評価といえよう。た

とえば、反射運動による犯罪結果の惹起であっても、それを容易に回避しえた行為者に対して刑罰非難を何らなしえないとするのは、果たして合理的であろうか。違法行為の回避が可能な状況にあった行為者による違法行為であれば、当該行為を理由に行為者は非難されて然るべきである。厳密にいえば、有責評価はこのように「行為」を対象とする評価ではなく、「行為者」を対象とする評価なのである。「行為者」に対する有責評価が成立する場合に、当該違法「行為」が犯罪として扱われるというにすぎない。犯罪論上の緻密な理論分析に当たっては、「犯罪評価はすべて行為に対する評価である」とする固定観念は、この際潔く捨て去る必要がある。

　かくして、いわゆる主体性論や目的的行為論と関連させていうなら、犯罪行為はそれ自体主体的になされた行為だから当罰的なのではなく、主体的に回避可能であったにもかかわらず行われた行為だから当罰的なのである。また目的的に行われた行為だから当罰的なのではなく、目的的に回避できた行為だから当罰的なのである。犯罪行為自体の主体性や目的性は、当罰的非難の相当性と理論上直接的関係にあるわけではない。その意味で、いわゆる主体性の理論や目的的行為論は、その理論的適用の場を見誤っているといえよう。法によって禁じられる「犯罪行為」自体は、人間としてふさわしくない非主体的・非目的的行為であっても何ら差支えない。むしろ法によって主体性や目的性が期待されているのは、犯罪結果の回避行為のほうなのである。犯罪結果の主体的・目的的回避行為が可能であるにかかわらず、回避することなくなされた違法行為については行為者に刑罰非難が妥当しうると解される。

　従来、責任要素とされてきた故意・過失や違法性の意識可能性、また責任能力やいわゆる期待可能性などについても、このような観

点から全体として整理し直し、理論的に体系化することが不可欠といえよう。

4　法規範の期待する行為としての主体的・目的的行為

　以上の検討を踏まえれば、次のようにいうことができる。そもそも犯罪行為とは、法規範が回避すべきものとしている人間態度である。禁止すべき態度を目的的行為や主体的行為に限定すべき合理的理由はない。犯罪とされる「行為」は、社会的・法的に見て望ましくない法益侵害の危険を有する人間態度であれば、それで十分である。その意味で狭義の「行為論」としては、基本的に「社会的行為」論が支持されねばならない。そして、法規範はむしろ人にそのような違法行為の人間らしい主体的・目的的な回避を期待しているといってよい。要するに法規範は、人の法益侵害的な態度を不許容と宣言し、そのような態度を人間の特性を活かして人間らしく主体的・目的的に回避することを期待していると解されるのである。そして「刑法」は、そのような主体的・目的的回避行為が期待可能であるにかかわらず回避することなく違法行為に出た行為者に対して、刑罰を以てこれを非難しようとする。その意味で、違法行為の主体的・目的的回避可能性は、違法行為者の有責性の必要条件といわねばならない。責任論において適法行為の「期待可能性」が伝統的に重要な論点とされてきたのは、まさにこの点に根拠があるといえよう。

　以上のように考えてくれば、目的的行為論や主体的行為論の理論的意義は、人間らしい典型的行為の基本構造を端的に指摘した点にあるとはいえるものの、その理論の犯罪論への組込み方については、根本的に問題があったといえよう。目的的行為論は、犯罪行為の行

為性を論じるに当たって基礎とすべき理論ではなく、むしろ犯罪行為回避の期待可能性論、すなわち行為者の非難可能性論において基礎とすべき行為論だったのである。平たくいえば、人間らしい行為を問題とする行為論を基礎に、むしろ人間として相応しくない犯罪行為の性質を割り切ろうとしたところに、いわゆる「目的的行為論」や「主体的行為論」の理論的「歪み」があったといってよい。目的的行為論は、犯罪論における「行為論」や「違法論」ではなく、むしろ「責任論」においてこそ、その活用の道を見出すべきものであった。

　ちなみに団藤の主体性の理論は、その人格的責任論と結びついている。そもそも責任概念をめぐっては、伝統的に「道義的責任」論と「社会的責任」論の対立があるとされてきた。団藤の説明によれば、こうである[12]。「道義的責任論は、個々の行為における悪い意思に非難の根拠をみとめる。かような見解を行為責任論または意思責任論という。これに対して、社会的責任論では、個々の行為ではなく行為者の性格──社会的危険性──に責任の根拠をみとめる。すなわち、性格責任論である。」。そして、「行為責任論は具体的な人間の把握において不充分」だとする一方、「性格責任は非難の要素を欠くものであり、少なくとも本来の意味での責任ではない。そればかりか、人格の主体的な面を無視する点で、刑法から人間性──したがって道義的な規範性──を奪い去るものといわねばならない。」と評する。そして、自らは行為者の主体的な人格に着目する「人格責任論」を主張する。すなわち「道義的責任論の立場をとりながら、当の行為だけではなく、その背後にある人格に責任の基礎をみとめ」

---

[12]　団藤『刑法綱要総論・改訂版（増補）』（1988（昭和63）年、創文社）237頁以下。

ようとするのである。

　しかし、人格に責任の基礎を求めるということは、人格それ自体を望ましくないとして法的に非難することに他ならない。それは、個人の人格そのものに法が介入することを意味し、法的介入の限度を越えるというべきではないか。責任評価につき行為者人格を問題とせざるを得ないのは、「犯罪行為」自体に責任評価の基礎を求めようとするからである。しかし、犯罪行為自体ではなく、むしろ「犯罪回避行為」に着目し、期待可能性の原理に則って犯罪の回避可能性を問題とするなら、行為者人格の深みにまで立ち入ることなく、「主体的に回避可能であったにもかかわらずこれを回避せず犯罪行為に関わったがゆえにその行為者を非難する」という形で、「行為責任」主義に徹して責任を基礎づけることができるといえよう。責任の基礎は、犯罪行為者人格ではなく、犯罪行為の主体的回避可能性に求めるのが妥当である。

　そこで以下、主体的・目的的行為による違法行為回避の可能性という観点から違法行為者の有責性の要件事実について検討することにしよう。

5　違法行為回避可能性と主体的・目的的行為

　法が期待する違法行為の目的的回避行為は、基本的に次のような構造を有するものと解するのが妥当である。行為者が、まず①自らの行為の事実的性質を認識し、②その認識に基づいて当該行為の違法性を弁識し、③その弁識に基づいて違法行為の回避を決意し、④その決意に基づいて違法行為を現に回避するという構造である。したがって、これらの諸過程の期待可能性を担保する事実こそ、有責

性の評価要件事実といってよい。そして伝統的に「責任要素」として論じられてきた諸要素は、現にこれらの過程が有効に機能するための「要件事実」に理論上すべて還元することができるのである。

いわゆる「違法性の弁識可能性」は②の行為状況面を、また狭義の「期待可能性」は③の行為状況面を問題とするものであり、「責任能力」は②③の段階を担保する行為者能力面を問題とするものといえる。また従来、過失犯などで問題とされてきた合義務的態度による結果の「回避可能性」なども、④を担保する状況といえよう。そして「故意」・「過失」は、①に関わる要件事実と解することができる[13]。

このようにして目的的行為論や主体的行為論は、犯罪「行為」そのものではなく犯罪回避行為とかかわる責任要件事実を体系化するにあたって意味のある行為論というべきである。

6　故意と過失

ちなみに事実認識面での「過失」は、自己の行為の事実的性質の予見可能性を意味し、「故意」は、単に予見可能というだけでなく現に予見していることを前提とする。しかも「故意」は、単に行為者が犯罪とされる危険行為の事実的認識を有するというにとどまらず、危険を認識しながらあえてその危険行為を選択するという「意思」を伴う場合をいうと解される[14]。それが、刑法典にいう「罪（犯罪とされる行為）を犯す『意思』」（刑§38Ⅰ）なのである。故意がある場合は、過失の場合と異なり行為の性質を現に認識しているがゆえに「弁識可能性」が過失の場合より高く（一般に「規範に直面している」

---

[13] 鈴木茂嗣『犯罪論の基本構造』（2012（平成24）年、成文堂）303頁以下参照。
[14] 鈴木『犯罪論の基本構造』287頁以下参照。

といわれる)、また自ら主体的に選択した行為だということで、違法
行為をしたことに対する非難可能性は過失行為に比してより高いと
いうことになる。故意犯が過失犯に比して重く処罰される所以であ
る。

　したがって、故意は「あえて違法行為を選択する意思」といって
よいが、この「あえて」とは単に当該行為を是認・認容するといっ
た情緒的・心情的内心状態をいうのではなく、むしろ選択の主体性、
すなわち選択しない道もあり得たのに「あえて主体的に」違法行為
を選択したことを指すものと理解すべきである(故意における「意思説」
の貫徹)。

7　故意と目的の区別

　要するに、故意における「意思」は、行為時に行為を統制する「行
為意思」(行為構成意思)ではなく、行為に先行する「事前」の行為選
択「意思」を意味していることに注意しなければならない。これに
対して、目的的行為において問題とされる意思は、まさに行為時に
おける行為支配の意思であり、いわゆる「行為意思」の一種である。
その意味で「故意」(行為選択意思)と「目的」(行為構成意思)は、理論
上厳密に区別する必要がある。もちろん両者は、無関係ではない。
目的的行為の場合には、通常「故意」が認められるといってよいで
あろう。しかし、故意行為だからといって、必ずしも目的的行為で
あるといえるわけではない。極めて危険な行為を、できるだけその
危険を回避しようと努力しつつ(努力してもなお危険だと認識しながら)
行うということは、十分にありうる。この場合に危険実現を「目的」
として行為したとまではいえないであろう。しかし、このような行

為を「故意」行為と解することは、十分に可能である。いわゆる「目的的行為論」は、行為意思として目的性を要求し、かつ故意も行為意思の問題だと解するがゆえに、結局故意行為と目的的行為とが重なり合うことにならざるを得ないのだといえよう。

8　責任評価の成立時期と責任要件事実の存在時期

　もっとも、「目的的行為論」に批判的な立場をとる論者からも、故意行為が目的的行為と重なり合うことは、一般に当然のことと解されているようである。そこにはおそらく、「行為責任」の原則からいって、責任要素も「行為」自体の主観面を問題とするものでなければならないという暗黙の前提があるのであろう。また前述のように、違法評価のみならず有責性評価も「行為」を対象とする評価だとするのが刑法学上の定説である。そして、違法・有責等の法的評価の対象である「行為」を特定する役割を果たすのが構成要件該当性判断だとするいわゆる「構成要件論」が、このような発想をさらに強固にしているといえよう。しかし、有責性とは、回避可能であった違法行為を回避せず実行したことを理由とする「行為者」への非難可能性であり、行為者が現に「違法行為」を行ったことについての責任という意味で「行為責任」の原則が妥当するにすぎないと解すべきである。

　そもそも責任評価の要件事実とは、違法行為回避の可能性を担保する要件事実であり、違法行為に先んじて問題となる事実である。有責性自体は、回避可能な違法行為をしたことについての行為者に対する非難可能性であり、違法行為がなされて初めて成立する行為者に対する評価である（責任評価と行為の「同時存在」原則）のに対して、

その要件事実は違法行為を回避するための要件として行為者にとり違法行為に先んじて存在する必要がある事実といわねばならない（責任要件事実「事前存在」の原則）。その意味で、故意における意思的要素も、違法行為に先行する事前の行為選択意思として位置づけられねばならない。有責性は厳密にいえば違法行為を行ったことを理由とする行為者に対する評価であり、行為者にとって事前に違法行為を回避する可能性が存したか否かこそが重要なのである。責任評価の成立時期と責任要件事実の存在時期は、必ずしも一致するものではない。

9　おわりに

　いわゆる「責任要素」をその言葉どおりに責任自体の構成要素と位置づける限り、責任とその要素の存在は一体化しがちである。そして、両者の関係は曖昧化する。両者の存在時期の違いは、いわゆる「責任要素」を理論上明確に責任「要件事実」（責任評価を根拠づける基礎事実）と位置づけることによって、はじめて適切に理解されうるといえよう。そしてこれによって、伝統的犯罪論では行為責任主義の例外と位置づけられ、学説が長らくその処理に苦労してきたいわゆる「原因において自由な行為」などについても、むしろ基本的に行為責任主義に則った「原因において主体的に回避しえた違法行為」と解することが可能となり、その成立要件を「行為責任原則」に則って綿密に検討することにより、正面から合理的な解決へと至りうるといえよう[15]。

---

[15]　鈴木・前掲注13『犯罪論の基本構造』479頁以下参照。

第4章
構成要件論と刑法学

1　はじめに

　いずれの国にも「犯罪論」はある。しかし、法域によりその体系はさまざまである[1]。たとえば英米法系の犯罪論では、一般に行為の客観面と主観面に大別して犯罪要件が論じられている。アクタス・レウス actus reus とメンズ・リア mens rea の二分論である。これに対して、ドイツ法系の犯罪論では、犯罪は「構成要件該当の違法・有責な行為」と定義され、それぞれの要素が具体的に検討されるとともに、いわゆる「構成要件論」による体系化が支配的である。ごく大雑把にいえば、英米では、各要件が行為のいかなる側面に関係するかといった要件自体の性質に着目して、いわば形式的に犯罪成立要件を分類したうえで、それぞれの犯罪要件事実について個別的に（いわばカズイスティックに）論じる傾向があるのに対して、ドイツでは、犯罪に妥当する法的「評価」に着目して犯罪の評価構造を実質的に検討するとともに、個々の犯罪成立要件をその評価との関連でいわば立体的に体系化して論じる傾向が強いといってよい。とくに「構成要件論」（Tatbestand 論）は、ドイツ犯罪論の最大の特色であり、ドイツ刑法学の影響が強い日本でも、同様に「構成要件論」が支配的である[2]。そしてまた犯罪論は、当然のごとく「刑法学」固有の検討課題として扱われてきた。

　しかし、ドイツでも日本でも「構成要件論」ほど難解な議論はな

---

[1]　主要な法域における犯罪論体系の概観として、特集・刑法学における「犯罪体系論」の意義・法律時報 84 巻 1 号 4 頁以下参照。

[2]　わが国における主要な犯罪論体系を概観したものとして、鈴木『犯罪論の基本構造』（2012 年、成文堂）47 頁以下参照。

いといってよいのが現状である。ドイツのある刑事法学者は、ドイツ刑法学の体系構築に関して次のようにいっている。「教育はあるが専門外の人にはしばしば奇異に思われ、学生には理解しにくいものであり、実務家は余計なことだと思っている」と[3]。その典型が「構成要件論」に他ならない。構成要件論の複雑さは何に起因するのか。以下に検討するとともに、ドイツ系犯罪論の功罪を明らかにし構成要件論なき刑法学への道を探ってみたい。

2　ベーリング構成要件論の功罪

「構成要件論」は、20 世紀初頭に活躍したドイツの著名な刑事法学者エルンスト・ルートビッヒ・ベーリング（1866-1932 年）に由来する。ベーリングは、1906 年の著作『犯罪論』[4]において、犯罪を基本的に「構成要件（Tatbestand）該当の違法・有責な行為」とみる伝統的ドイツ刑法学の基礎を築いた。以後、ドイツ刑法学上の犯罪論は基本的に「構成要件論」を基礎に展開され、この構成要件論は、瀧川幸辰や小野清一郎などを介して、わが国の犯罪論にも決定的影響を与えてきた。

ドイツ刑法学において、Tatbestand の語を初めて用いたのは、18 世紀後半（1796 年）のクライン（Ernst Ferdinand Klein, 1744-1810）だとされている。この Tatbestand 概念は、ドイツ普通法時代の糾問訴訟における corpus delicti（以下 c.d. と略す。その日本語訳は「罪体」）の概念に由来する[5]。

---

[3]　中山研一・浅田和茂監訳・シューネマン編『現代刑法体系の基本問題』（1990 年、成文堂）1 頁。

[4]　Ernst Ludwig Beling, "Die Lehre vom Verbrechen"（1906）

　糾問手続は基本的に一般糾問と特別糾問の二段階に区分されており、一般糾問手続において客観的な犯罪事実じたいの存在（たとえば、「何びとかの犯罪行為によって被害者が殺害された」という事実の存在）、すなわち c.d. が確認された後に、その犯罪について嫌疑ある者に対する特別糾問手続が行われるという仕組みになっていた。特別糾問では、その対象者（嫌疑ある者）が真に罪を犯した者かどうかが究明され、拷問も許されていた。したがって、c.d. は、特別糾問訴訟の成立要件すなわち「訴訟条件」としての地位を与えられていたということになる。そして、c.d. は、自白や証言といった主観的証拠ではなく、物的な客観的証拠（殺人罪であれば「死体」の検証など。）によって証明されるべきものとされていた。

　しかし、一般糾問における被疑者略式訊問の許容などを通じて糾問訴訟の手続的厳格性が弛緩し、一般糾問と特別糾問の区別が曖昧化していくのに応じて、c.d. は、次第に犯罪の成立要件のすべてを含むと解されるようになり、結局のところ「有罪判決」の条件そのものとされるに至った。要するに、c.d. は「訴訟法」的概念から「実体法」的概念へと移行することになったわけである。そして、c.d. は、ドイツ語で Tatbestand と呼ばれるようになる。わが国では、この Tatbestand を「構成要件」と訳すのが定説となっている。この展開に従えば、犯罪とは、端的に「Tatbestand（いわゆる一般構成要件）に該当する行為」だということになる。

　これに対してベーリングは、Tatbestand を立法者が示す個々の行為類型（殺人罪であれば「人を殺す行為」）と解し、その行為類型への該当性を違法性や有責性と並ぶ犯罪成立要件の一つと位置づけた。

---

[5]　corpus delicti については、佐伯千仭「corpus delicti について」立命館法学 11 号（1955 年）1 頁以下参照。

ベーリングによれば、犯罪とは、厳密にいえば「Tatbestand に該当し違法・有責で、それに当てはまる刑罰予告があり、かつ処罰条件を充たす行為」だとされる[6]。

　ベーリング以前の犯罪論における犯罪の定義は、「違法・有責で刑罰を科せられた行為」というものであった。これは犯罪の「性質」を示す定義といえるが、そこには犯罪行為の「罪刑法定主義」的性質（立法者が予め示した特定の犯罪類型に当たる行為のみが犯罪となる。）を端的に問題とするという視点が欠落している。これに対してベーリングは、犯罪論上、立法者が示す個別的「行為類型」への該当性いかんを問題とすべきことを鋭く指摘したのである（立法者提示の「個別行為類型」該当性の犯罪成立要件化）。これは罪刑法定主義へとつながる個別「行為類型」論の犯罪論上の重要性を意識させるものとして、極めて重要な指摘であった（視点①）。

　そしてベーリングは、この「行為類型論」を「法定の Tatbestand に属する事実を予見しなかった場合には、故意責任を問いえない」とする当時のドイツ刑法 59 条の規定[7]に結び付けて理論化しようとした。それゆえ、Tatbestand は、必然的に主観的な「故意」の認識対象である犯罪の「客観」的要素（行為の客観的側面）を意味するとされるとともに、「刑法学」上の基本概念とされることになった[8]。

　かくしてベーリングは、構成要件を「記述的・客観的・没価値的」なものとし、構成要件該当性を犯罪成立要件判断の第一順位に位置

---

[6]　Beling, Die Lehre vom Verbrechen S. 7.

[7]　この規定は、現行ドイツ刑法 16 条 1 項にそのまま受け継がれている。

[8]　ベーリングの構成要件論については、佐伯千仭「ベーリングといわゆる構成要件の理論（一・二）」立命館法学 15 号（1956 年）1 頁以下、18 号（1956 年）1 頁以下参照。

づけた。これは、違法性や有責性という価値評価に「事実判断」を
先行させるべきこと（「事実判断先行型」犯罪評価論）、またその事実判
断に関しても主観的事実の判断に「客観的事実」の判断を先行させ
るべきこと（「客観的判断先行型」事実認定論）を意味する。これらも犯
罪論における事実判断と犯罪評価の関係（視点②）、そして事実認定
自体のあり方（視点③）に検討の目を向けさせるものとして、犯罪論
上重要な問題点の指摘だったといえる（理論的視野の拡大）。そして
ベーリングは、この判断順序を絶対的なものと解した。かくしてベー
リングの犯罪論は、犯罪の認識論（判断順序論）として体系化される
ことになった。

　このようにベーリングの「構成要件論」は、犯罪論上の大原則で
ある「罪刑法定主義」につながる立法者提示の個別「行為類型」に
配慮するとともに、ドイツ刑法の「実定法」的要請や客観的な c.d.
を起源とする Tatbestand 概念の歴史的経緯とも一応整合する議論
であった。また、「行為類型性」という事実判断ないし類型的判断を
実質的な違法・有責評価に前置することは、違法性や有責性といっ
た価値評価に関する判断者ごとの主観性・不安定性、すなわち裁判
官の判断の「恣意性」を限定する意味で有益である。そして事実判
断に関しても、「客観的事実」の判断を「主観的事実」の判断に前置
すれば、その趣旨はさらに徹底する。もっとも、ベーリングの事実
的構成要件概念に対しては、その後 M.E. Mayer（1875〜1923）や E.
Mezger（1883〜1962）などによってその価値関係的性質が指摘されて
Tatbestand はむしろ一般に違法行為類型と解されるようになり、
また主観的違法要素の存在も指摘されるに至った。しかし、Tatbe-
stand は、その行為類型的性格や第一次的判断要素としての理論的
位置づけにおいては依然その性質を保持するものとして論じられ、

裁判官の恣意的判断を防止するにふさわしい「自由主義的犯罪論」
として、「構成要件論」は急速にドイツ刑法学上の「基本的理論枠組」
となった。

　その背景としては、新カント派の認識論哲学が盛んであった当時
の時代状況を指摘することもできよう。その後一時期、ナチス刑法
学からは分裂的思考だとして全面否定されたものの、いわゆる「構
成要件論」は現在も依然としてドイツ刑法学の一大特色となってい
る。

　しかし、法解釈論的にみれば、ドイツ刑法典上の Tatbestand は
「故意」の認識対象を意味するにすぎず、これを「犯罪」の成立要件
に直結することには無理があったといわねばならない。それは、「故
意」の成立要件と関係するにすぎないのである。それゆえベーリン
グも、行為類型該当性・違法性・有責性のほか、「罪刑法定主義」を
担保するために「刑罰予告」を、また故意が及ぶ必要がないと解さ
れている「処罰条件」（詐欺破産罪における破産宣告など）についてはそ
の充足を、犯罪の成立要件としてさらに追加せざるをえなかった。

　ちなみに、ベーリングは『犯罪論』の執筆から二十数年を経て、
その晩年 1930 年にあらためて『構成要件論』[9]を公にし、前著『犯罪
論』に対するそれまでの各種批判に応えつつ、「指導形象」（Leitbild）
としての構成要件論を展開した。Tatbestand は、種々の要素から成
る犯罪類型の統一性を基礎づけ、また違法性や有責性をも規制する
「指導形象」だとする。たとえば「窃盗罪」は、その客観面（行為形態）
も主観面（故意）も「他人の財物を窃取する」という観念すなわち指
導形象によって指導されその統一性を保持するというのである。そ

---

[9]　Beling, "Die Lehre vom Tatbestand"（1930）

の意味で構成要件は、犯罪論全体を貫く基本概念とされることになった。しかしここでは、Tatbestand は犯罪の成立要件の域を脱し、犯罪論を整理し体系化するための「体系概念」へと変質したといえよう。この「体系概念」は、犯罪の成立要件じたいを端的に示すものではなく、成立要件を体系的に説明するための手段的「説明概念」であるにとどまる。いわば幾何学における「補助線」のようなものであり、図形を構成する線そのものとはいえない。結局、ベーリング自身の Tatbestand 概念は、犯罪の端的な成立要件概念とはいい難いものになってしまったといえよう。

　わが国の伝統的刑法学においても、体系的思考をどこまで貫くべきかに関しては争いがある[10]。体系的思考を強調する代表者は団藤重光である[11]。これに対して平野龍一は、体系的思考の行き過ぎを批判し、問題的思考を重視する[12]。しかし、そのいずれにおいても、前提とされているのは一致して犯罪の認識論的体系であることに注目しなければならない。たとえば団藤は、次のようにいう。すなわち、「ある社会的事象は、構成要件該当の判断を受けるとき、はじめて刑法的な意味の世界に立ち現れることになる。定型的・抽象的に構成要件に該当する行為が必ずしも具体的に違法・有責であるとはかぎらないが、逆に、定型的・抽象的に構成要件に該当する行為でない限り、それが違法・有責であるかどうかを問題とする余地はな

[10]　体系的思考と問題的思考の対立については、江口三角「体系的思考と問題的思考」法学教室 100 号（1989 年）84 頁、井田良「体系的思考と問題的思考」法学教室 102 号（1989 年）83 頁など参照。
[11]　団藤重光『刑法綱要総論・第 3 版』（1990 年、創文社）96 頁、同『実践の法理と法理の実践』（1986 年、創文社）42 頁参照。
[12]　平野龍一『刑法の基礎』（1966 年、東大出版会）246 頁以下、同『刑法・総論 I』（1972 年、有斐閣）「はしがき」および 88 頁。

い。」と[13]。また平野も、犯罪論の体系は、「裁判官の思考を整理し、その判断を統制するための手段として存在する」とし[14]、「認定論」的犯罪論を意識的に推進しようとする。いずれも犯罪の認識のあり方に着目する体系論をめざしており、体系的思考と問題的思考の対立も、その枠組みを前提とした争いにすぎない。しかし、そもそも比較の対象とされる刑法学的犯罪論の体系自体に問題があるとすれば、体系的思考と問題的思考の優劣論争も結局は無意味に帰するといえよう。

　たしかに、後述のように「構成要件」概念と犯罪の「認識論」は親和的である。それゆえ、認識論的なベーリング流の Tatbestand を「構成要件」と訳すのが不適切というわけではない。しかし、犯罪の「性質」に着目し罪刑法定主義の貫徹を目指す立場をとると、阻却要件に対置される「構成要件」という発想には違和感が残る。

　この点に関しては、わが国における構成要件論の創唱者の一人である瀧川幸辰自身が、「構成要件」という訳語にこだわり、「違和感を抱いている」と率直に告白していたことが注目される。犯罪論における「罪刑法定主義」を重視した瀧川は、次のようにいっている。「タートベスタンドを構成要件と訳することは適当でないという気持がし、多少の工夫をしてみたが、どうも適当な訳語が見あたらず、彼是している間に、この訳語がかなり広く用いられるようになった。今更、変更するのは却って混乱を招くおそれがあるので、この訳語をそのまま用いることにしている。」と[15]。

---

[13]　団藤重光『刑法綱要総論・第 3 版』122 頁。

[14]　平野龍一『刑法・総論 I』88〜90 頁、『刑法の機能的考察』（刑事法研究・第 1 巻）1 頁以下。

[15]　瀧川幸辰「刑法における構成要件の機能」刑法雑誌 1 巻 2 号（1950 年）147 頁。

3　構成要件と犯罪類型

　そもそも日本語の「構成要件」は、「阻却要件」ないし「阻却事由」に対置するにふさわしい「認識論」的概念といえる。伝統的犯罪論においても、両者は対置して論じられてきた。構成要件該当性を犯罪の「性質」を問題とする違法性や有責性に対置することが体系上妥当かに、むしろ疑問がある。

　わが現行法に照らしても、構成要件と阻却要件の対置は、「刑法」（実体法）ではなく、むしろ「刑事訴訟法」（手続法）上の「事実認定」、すなわち起訴状の「訴因」や「有罪判決理由」の定めと関係しているのである。刑訴法によれば、起訴状の公訴事実は「罪となるべき事実」を特定し訴因を明示して記載すべきものとされ（刑訴§256Ⅲ）、また有罪判決には、その理由として「罪となるべき事実」を記載すべきものとされるとともに（刑訴§335Ⅰ）、法律上「犯罪の成立を妨げる理由」となる事実が主張されたときは、これに対する判断を示さなければならないとされている（同Ⅱ）[16]。ここでは、「罪となるべ

---

[16]　わが旧刑訴法およびドイツ刑訴法においても、これらに対応する規定は存在する。旧刑訴法については、同§291Ⅰ（「公訴ヲ提起スルニハ被告人ヲ指定シ犯罪事実及罪名ヲ示スヘシ」）及び§360Ⅰ（「有罪ノ言渡シヲ為スニハ罪トナルヘキ事実及証拠ニ依リ之ヲ認メタル理由ヲ説明シ法令ノ適用ヲ示スヘシ」）参照。また、ドイツ刑訴法については、同§200Ⅰ（「起訴状には、被告人、罪となるべき事実、犯行の日時及び場所、行為の法律的特徴並びに適用すべき刑罰法規を記載しなければならない（訴追のテーマ）。……」）、及び§267Ⅱ（「可罰性を阻却、軽減又は加重するものとして刑罰法規が特に規定している諸事由が公判中に主張されたときは、判決理由において、これらの事由の存在を認めたか否かを説示しなければならない。」）参照（以上、法務大臣官房司法法制部編「ドイツ刑事訴訟法典」（2001年、法曹会）の訳による）。

き事実」(犯罪事実)と「犯罪の成立を妨げる理由となる事実」とが対置されており、理論上、これらを犯罪の「構成要件事実」と「阻却要件事実」の対置に対応させるのが、最も明快である。その意味で「構成要件」概念は、そもそも刑訴法学上の基本概念とするにふさわしい概念といえる。

　これに対して、ある一定の行為が犯罪とされるためには「罪刑法定主義」の充足が必要とされるという点は、犯罪の「性質」に関わる論点であり、「刑法学」的検討の対象とされるべき問題といえる。そこでは、一定の行為が、法律上予め立法者が明示した個々の犯罪行為の類型に該当するかどうかが問題となるが、かかる観点からの行為類型は、立法者が「犯罪」として特定した「行為類型」という意味で、理論上「犯罪 (行為) 類型」と呼ぶのが最も明快であろう。

　そして、「罪刑法定主義」の要請を充たしていることは、犯罪成立に不可欠の要件と解されるから、犯罪の成立要件としては、認識論的な「構成要件該当性」ではなく性質論的な「犯罪類型 (該当) 性」を問題とするのが適切である。阻却要件と対置される「構成要件」概念にこだわる限り、認識論的発想からの脱却は困難である。そして「犯罪類型性」を問題とするなら、ベーリングの犯罪定義にあった「刑罰予告」の存在や「処罰条件」の充足という要素も、これに吸収することができる。

　また、犯罪成立要件として問題となる行為類型を認識論的な「構成要件」ではなく性質論的な「犯罪類型」と呼ぶならば、「罪刑法定主義」を重視する瀧川幸辰が抱いていた用語上の違和感も解消されえたのではないかと推測される。

4　刑法学と刑訴法学

　このように見てくると、ベーリングの構成要件論は、一種の「勇み足」の議論であったと評さねばならない。ベーリングが指摘したように、事実判断を踏まえて犯罪評価を行うという認識論的観点（視点②③）は、たしかに「犯罪論」上の重要な視点である。現に刑事訴訟法も、証拠調手続における事実認定を踏まえた犯罪の認定（有罪判決）を要請している。しかし、これは、「刑法学」ではなく「刑訴法学」の検討課題である。ベーリングは、これを刑法典上の Tatbestand 概念と結びつけて理論化しようとした。そこから「刑法学」的犯罪論は犯罪の認識順序の体系となり、犯罪論の「ねじれ現象」が始まったといえる。

　ベーリングの指摘した各視点は、それぞれこれまでの「犯罪論」に新たな視野を拓く重要かつ画期的な視点であった。しかし、ベーリングはその視野の理論化・体系化には失敗したと評しえよう。刑法は「犯罪とは何か」（was）を定めるものと解し、その犯罪をいかにして認識・認定するか（wie）は、刑訴法の規律するところと解するのが妥当である。「事実判断から価値評価へ」という判断順序の問題は、「刑訴法学」に委ねるべきだったのである。刑法は「犯罪と刑罰に関する法」であり、したがって犯罪論は刑法学に属するとの「固定観念」が、このような共同作業的発想を邪魔したのかもしれない。「刑法学」における犯罪論の解明は、犯罪の「性質論」にとどめるべきであった。刑訴法学を専門としてきた者からいえば、刑法学者には「犯罪をいかにして認識するか」ではなく「犯罪とはいかなる行為か」をこそ端的に示してほしいのである。それにもかかわらず、

犯罪の認識・認定論にまで手を伸ばしたために、「刑法学」上の犯罪論が事実判断から犯罪評価へという判断順序の体系となって、犯罪の「性質論」に過剰な理論的制約を課すことになった。刑法学は、いわば「自縄自縛」に陥り、構成要件論は錯綜することになった。

　その矛盾の表れは、たとえば刑法上の「因果関係」、すなわち犯罪結果の行為への「客観的帰属」の議論などに典型的にみられる。そこで、わが国の因果関係論（客観的帰属論）を簡単に振り返っておこう。

　犯罪結果の行為への帰属問題（客観的帰属論）は、一定の行為が既遂犯類型となるかそれとも未遂犯類型となるかという問題であり、明らかに「行為類型」性の問題である。それゆえ「構成要件論」に立つ伝統的刑法学によれば、「客観的帰属」も事実次元で解決されるべきことになる。

　最も素朴な見解は、「条件説」である。「あれなければ、これなし」（conditio sine qua non）という「条件公式」で、因果関係を事実的に判断する。しかしこれでは、殺人犯を生んだ母親の出産行為にも殺人結果が帰属するという不合理な結果となる。そこで「条件関係」を何らかの形で限定する理論が必要となる。あれやこれやの議論の末、「相当因果関係説」が通説的地位を占めることになった。これによって、学説上は一応の安定が保たれたかにみられたものの、なにが「相当」かについては必ずしも見解が一致しなかった。相当性の判断基底や判断基準をめぐって、さまざまな見解が対立した。また判例は、「条件説」的傾向にあると指摘されることも多い。

　その後、最高裁の新たな判例が出現し[17]、またドイツにおける議論の影響で学説上規範的な「客観的帰属論」が台頭して[18]、刑法学上再び理論的波乱が生じることになった（いわゆる「相当因果関係説の危

機」(井田良))。相当因果関係説は、因果関係の事実的な「経験則的通常性」に着目するが、いわゆる「客観的帰属論」は規範の保護範囲論など規範的観点も取り入れて議論しようとする。客観的帰属は「行為類型」性の問題であるから、「構成要件論」に立つ伝統的刑法学の立場からいえば、事実的に考える前者のほうが、その理論体系に忠実な構成といえよう。

　しかし、なぜ経験則上の「通常性」が帰属の基準とされねばならないか、その理由は理論上必ずしも明白でない。犯罪の発覚を恐れ異常な因果の流れを積極的に利用して人を殺害した狡猾な行為者も、殺人罪を犯した者として当然処罰されるべきであろう。そもそも、いわゆる「条件説」では因果関係が無限に遡り不都合が生じるという消極的理由から、条件関係を何らかの形で限定する理論の必要が出てきたにすぎない。そして相当因果関係説では、「相当」という修飾語を掲げることによって、いかにも「妥当」な因果関係を論じているかのような外見が整えられていたにすぎないのである。

　伝統的犯罪論における客観的帰属論を複雑にしているのは、まさに「構成要件論」の「認識論」的発想であるといってよい。刑法学上いわゆる「構成要件論」に立つ以上、行為類型論的な帰属問題で正面から違法判断を持ち出すことは憚られる。それゆえ、近時のいわゆる「客観的帰属論」においても、規範的観点を考慮するとはされるものの、「違法論」との関係は必ずしも明確でない。

----

[17]　いわゆる「米兵ひき逃げ事件」決定(最決昭和42年10月24日刑集21巻8号1116頁)、「柔道整復師事件」決定(最決昭和63年5月11日刑集42巻5号807頁)、「大阪南港事件」決定(最決平成2年11月20日刑集44巻8号837頁)、「夜間潜水訓練事件」決定(最決平成4年12月17日刑集46巻9号683頁)など参照。
[18]　山中敬一『刑法における客観的帰属の理論』(1997年、成文堂)参照。

　それでは、犯罪の「性質論」に徹して、この問題を検討すればどうなるか。犯罪行為は違法であるとともに犯罪類型的でなければならない。したがって、違法行為を前提にその犯罪類型性を論じても「性質論」としては何ら差支えないはずである。それゆえ、犯罪類型的な客観的帰属についても、理論上端的に行為の違法性と関係づけ、「結果回避義務に違反する違法行為から生じた回避すべき結果（より厳密にいえば、違法行為により惹起ないし放置された因果流から発生した回避すべき結果）は当該違法行為に帰属する」と説明することが可能となる。またこれによって、「不作為犯」の因果関係などについても統一的説明が可能となろう。

　要するに、性質論的には端的に「犯罪類型的結果は、当該結果を回避すべき義務に違反する犯罪類型的違法行為に帰属する」とみれば足りるのである。構成要件論を基軸とする伝統的刑法学は、犯罪の「認識論」の体系で犯罪の「性質」を論じようとするがゆえに、過剰な理論的拘束に喘いできたといわざるを得ない。

5　犯罪の事実的基礎

　さらに伝統的刑法学上、「構成要件該当性」は犯罪行為に「事実的基礎」を与えるものだとも解されている。しかし、犯罪の事実的基礎としては、むしろ端的に違法性や有責性といった各犯罪評価それぞれの評価基礎事実に着目する必要がある。一定の「評価」は、一定の「事実」が人間生活上有するその「意義」によって定まるのであり、そのような「評価要件事実」の犯罪評価ごとの解明も、犯罪の性質論にとって不可欠の論点となる。刑事訴訟手続上、「証拠調」によって確認されるのも、このような「評価要件事実」に他ならない。

　「違法性」についていうならば、基本的に行為の「法益侵害の危険性」が「違法化」要件事実となり、これに勝る「法益保全の期待性」（たとえば、正当防衛や緊急避難）が「正当化」要件事実となると解される。すなわち「構成要件該当性」ではなく、むしろ伝統的刑法学において「実質的違法性」として論じられてきたところがこれに対応するのである。

　「有責性」についていえば、次のとおりである。有責性とは「回避義務があり回避可能であるにかかわらず、回避することなく違法行為をしたことについての、行為者への非難可能性」を意味するから、①故意・過失や、②違法性の弁識可能性、③適法行為の期待可能性など、「違法行為の回避可能性」を基礎づける諸事実がその評価要件事実（責任要件事実）となると解される。

　以上のような評価要件事実（実体要件事実）の存在が認められれば、おのずと違法性や有責性の評価が成立することになる。もっとも訴訟手続上の「事実認定」、すなわち「評価要件事実」を訴訟手続上具体的に認定するに当たっては、事実の「推定」や「主張責任」、「立証責任」など、訴訟法的規律との関連を考慮する必要がある。手続上、被告人は通常の「平均的一般人」と一応推定（いわゆる「許容的推定」[19]）されているといってよく、たとえば、「責任能力」といった責任要件事実に関しても、「特段の事情がない限り」被告人は責任能力を有する「一般人」と推定されるというのが手続的な発想である。事実の「主張責任」や「立証責任」は、このような発想を基礎としている。

　そこに登場するのが、「構成要件」事実と「阻却要件」事実という

---

[19]　許容的推定については、平野龍一『刑事訴訟法』（1958年、有斐閣）184〜185頁、鈴木『犯罪論の基本構造』（2012年、成文堂）177〜178頁参照。

主張・立証事実の対置である。両者を合わせて「認定要件事実」と呼ぶことができよう。「構成要件事実」とは、検察官が訴追に当たり訴訟手続上常に積極的に主張・立証する必要がある事実であり、「阻却要件事実」とは、特段の事情がうかがわれる場合に例外的に手続上争点とすべき事実である。

　たとえば「責任能力」の存在は、有責性の評価要件事実（実体要件事実）の一つであり、刑法上行為者が有責であるためには、責任能力の存在を要する。しかし訴訟手続上、検察官は被告人における責任能力の存在を常に積極的に主張・立証するまでの必要はない。「責任能力」については、例外的に「特段の事情」、たとえば被告人側が責任無能力を主張したり、証拠調の過程で責任無能力である疑いが生じたといった事情がある場合に、「責任無能力」の如何を立証課題とすれば足りる。すなわち「責任能力」が、直ちに犯罪認定に当たっての「構成要件事実」となるのではなく、むしろ「責任無能力」が例外的な「阻却要件事実」となるのである[20]。もちろん、阻却要件事実の存在につき疑いが残れば、無罪推定原則により被告人は無罪とされることになる。

　これに対して自己の行為が「犯罪類型」該当事実中故意・過失を捨象した「固有犯罪類型」該当行為であることを知りつつ選択した場合が「故意犯罪類型」該当の構成要件要素となり、故意ありとはいえないものの「固有犯罪類型」該当行為であることの予見可能性がある場合が、「過失犯罪類型」該当の構成要件要素となる。そして

---

[20]　判例も伝統的にこのような立場をとっている。大判昭和 6 年 11 月 12 日刑集 10 巻 583 頁、大判昭和 7 年 3 月 17 日刑集 11 巻 248 頁参照。なお、その他の責任要件事実に関する認定要件事実の位置づけについては、鈴木『犯罪論の基本構造』（2012 年、成文堂）173〜176 頁参照。

「犯罪類型」は、「法益侵害行為」の類型であるから、「犯罪類型」該当事実の立証があれば、同時に「違法化要件事実」(行為の法益侵害性)も立証されたことになり、「犯罪類型性」が認定できるだけでなく、特段の事情がない限り「違法性」も推定される。したがって、正当防衛等の「正当化要件事実」は、例外的な「特別事情」として「阻却要件事実」に位置づければ足りることになる。その他、責任能力以外の責任評価要件事実や当罰評価要件事実などについても、その認定要件事実の理論的検討が不可欠である (本書34頁以下参照)。

　訴訟手続上直接に争点となり主張・立証の対象となるのは、かかる「認定要件事実」であり、この手続的な「認定要件事実」の主張・立証を通じて、実体的な「評価要件事実」の存否が確認されることになる。そして、一定の犯罪評価について何がその「評価要件事実」となるかは「刑法学」の検討課題である一方、一定の「評価要件事実」についてその「認定要件事実」をいかに考えるかは、「刑訴法学」の検討課題である。

6　おわりに

　このようにして「犯罪論」は、伝統的刑法学が当然の前提としてきたような「刑法学」の「独演舞台」(独占領域)と解すべきものではなく、「刑法学」と「刑訴法学」の「共演舞台」(共同作業の場)と解すべきものと考える。両法学ともそれぞれその役割を弁え、「分を守りつつ分を尽くす」ことが肝要である。刑法学的犯罪論で犯罪論のすべてを割り切ろうとする伝統的刑法学は、その理論的な「分」を逸脱しているといえよう。

　英米犯罪論と比較するとき、犯罪の「評価構造」を解明し、犯罪

成立要件事実をこれと関連付けて立体的に体系化するというドイツ刑法学の伝統は、「犯罪論」を深化させるものとして積極的に評価されるべきである。しかし「刑法学」における「構成要件論」は、理論的混乱をもたらすものとして今や捨て去るべきものと考える。そして「構成要件論」は、「阻却要件論」とともに、むしろ「刑訴法学」においてその再生と活性化を目指すべきである。

　ベーリングは、「刑法学」的犯罪論につき犯罪の「性質論」から「認識論」へとコペルニクス的転回を図った。しかしそれは結局理論的に失敗だったのであり、われわれはその転回を再びもとの「性質論」へと復元し、むしろベーリングの指摘した各個の理論的視野（前述の視点①②③）を生かしつつ、犯罪論全体の新たな体系化を図る必要がある（ベーリング理論の換骨奪胎）。そして私見によれば、各視点の刑法学と刑訴法学への適切な配分を意識しつつ、①「行為類型論」的視点は罪刑法定主義と関連付けて「犯罪類型論」として、②「事実から評価へ」という「没価値的要件論」の視点は「評価要件事実論」として、また③事実認識における「客観から主観へ」という「事実認定方法論」的視点は「一般から個別へ」という形に変換して「認定要件事実論」として、それぞれ体系化を図るのが妥当ということになる。これによれば、犯罪とは「違法・有責・当罰的で犯罪類型に該当する行為」（刑法学（性質論）的定義）ないし「構成要件に該当し、阻却要件に該当しない行為」（刑訴法学（認識論）的定義）ということになる。「構成要件該当の違法・有責な行為」という定義は、まさに一種の「ねじれ定義」であり、それゆえこれを前提とする伝統的刑法学における犯罪成立要件の解明は、複雑化し錯綜せざるをえなかったのである。

　以上のような「二元的犯罪論」をとることによって、①犯罪の「成

立要件論」が純化され「罪刑法定主義」が貫徹されるのみならず、②刑法学と刑訴法学、また「平成司法改革」の理念の一つであった「理論」と「実務」の架橋[21]も実現される。さらに③刑事「要件事実論」の展開は、昨今華やかな民事の要件事実論との対話の契機ともなりうるといえよう[22]。そして、④各国の犯罪論を比較する際の「理念型」を構想するにあたっても、二元論的発想は有益と考える。

かくして、冒頭に紹介したシューネマンのコメントに沿っていえば、「刑法学」はこの「二元的犯罪論」によって、専門家以外の教養ある人たちに奇異に思われることもなくなり、学生にとって理解しやすいものになるとともに、刑事手続きに関与する実務家にとっても「余計なもの」でなく真に「必要なもの」になるといえよう。

---

[21] 『司法制度改革審議会意見書』シリーズ司法改革Ⅲ（2001年、法律時報増刊）247〜249頁。
[22] 私見の発想の民事版だと明言しつつ民事要件事実論を展開した論考として、すでに賀集唱「要件事実の機能——要件事実論の一層の充実のための覚書」司法研修所論集90号（1994年）などがある。

第5章
二元的犯罪論による
伝統的犯罪論の超克

1　はじめに

　構成要件論を中核とする伝統的犯罪論は、犯罪を「構成要件該当行為」に対する法的評価の総合とみる立場をとる（構成要件的行為中心主義）。また、いわゆる「行為論」も、構成要件該当行為の性質論として展開される。目的的行為論しかり、主体的行為論（団藤）しかりである。

　しかし、違法性はともかく、違法行為につき責任を負うのは行為者であり、責任（有責性）は「行為」ではなく「行為者」を対象とする評価というべきである。また、構成要件該当の法益侵害行為の性質論と、有責評価の基礎となる法益侵害行為がどのような状況にあるべきかの議論とは、理論上明確に区別すべきである。

　主体性の理論（団藤）は、伝統的構成要件体系を前提としながら、責任の基礎として犯罪行為の主体性を強調する。しかし、責任の基礎としては、むしろ犯罪行為の「主体的回避」の可能性に注目すべきである。犯罪行為自体の主体性は問題ではない。犯罪行為の主体性は、確かに責任判断にとって重要な要素である。しかし、それは違法行為回避の可能性と関連するからであって、責任の存否にとって決定的なのは、あくまで違法行為の主体的な回避可能性である。伝統的に問題とされてきた責任能力や期待可能性は、実際上これを問題とするものであったといえよう。みずから違法行為を「避けうるにかかわらず避けなかった」がゆえに、違法行為者は非難されるのである（出来たのにしなかった）。構成要件論体系は、このような論点を曖昧化する傾向がある。「目的的行為論」や「主体的行為論」による主体性の分析も、違法回避行為の主体性に目を向けてこそ、そ

の真価を発揮するといえよう。

　犯罪行為者を処罰するうえでは、さらに「可罰性」評価を問題とする必要がある。伝統的犯罪論でも、「可罰評価」は問題とされてきた。しかし、そこでは「可罰的違法性」あるいは「可罰的責任」という形で、違法論ないし責任論でこれが論じられるにすぎなかった。これは、可罰評価も構成要件的行為に対する評価とみていることに由来するといえよう。

　しかし、本来「可罰性」評価は、国家刑罰権の行使が適正に行われるための要件であり、違法性や有責性といった「規範的評価」とは次元を異にするものとして、独自の評価範疇（「可罰性論」）として扱うべきものである。端的にいえば、可罰性は国家の刑罰権行使の「適法評価」の問題にほかならない。

　以上のように、構成要件論を前提に犯罪の性質を論じる一元的犯罪論では、どうしても一種の「ゆがみ」が生じ、議論が狭隘化するおそれがある。犯罪「構成要件」概念は、犯罪の「性質論」ではなく、犯罪「認定論」上の概念として犯罪「阻却事由」に対置して用いるにとどめるべきものといえよう。犯罪の性質論は、法益侵害行為に対する法的評価論をその処罰根拠と関連付けなから、それ自体純粋に展開すべきである（犯罪評価構造論）。他方、犯罪の「認定論」は、訴訟手続との関連に留意しつつ犯罪認定の基礎となる立証要件事実論として展開するのが妥当である（犯罪要件事実構造論）。このようにして犯罪論は、実体要件論と認定要件論を明確に区別しつつ、二元的に構成する必要がある。

　「二元的犯罪論」に立って論じるなら、犯罪の実体要件は次のように説明しうるであろう。

2　犯罪の実体要件論（犯罪性質論）

a．行為論

　構成要件論的犯罪論における行為論は、もっぱら構成要件該当行為の行為論として展開されてきた。「目的的行為論」しかり、いわゆる「主体性の理論」（団藤）しかりである。前述のように、「有責性」が認められるためには、犯罪行為が行為者により「主体的に」回避可能なものでなければならないといえる。しかし、責任を問われる犯罪行為自体が主体的に行われる必要はない。いわゆる「忘却犯」のように、主体性を欠く法益侵害行為についても、「過失犯」の成立は、十分に考えうるところである。

　そもそも法は、法益秩序を守るため、一定の行為規範を定め、その遵守を国民に求めるものである。行為規範の内容は、一定の法益侵害行為の回避である。責任（有責性）は、この回避義務に違反した者に対する非難を意味し、違法行為を回避しえたのに回避しなかった場合にのみ正当化される。さらに可罰性は、この非難を国家刑罰権の行使によって具体化してよいか否かの評価である。

b．違法性

　違法性をめぐっては、かつて「主観的違法論」と「客観的違法論」の対立があった。前者によれば、「法規範」は人に向けられた「行為規範」であり、規範が行為者に妥当するためにはこれに応じる能力が行為者に必要だとし、いわゆる責任無能力者の行為には違法判断は成立しないとされる。しかし、これでは責任無能力者の攻撃には正当防衛ができないことになり不合理である。そこで客観的違法論

は、法規範を人に向けられた「意思決定規範とその前提となる「評価規範」に分析し、評価規範に違反する客観的法益侵害状態が違法だとし、意思決定規範違反は責任にほかならないとした。これによって、違法と責任を明確に区別する「客観的違法論」が刑法学上の定説となった。しかし、法益侵害状態を法規範違反とし人に向けられた規範を意思決定規範とする点、また責任を規範違反じたいとする点には、根本的疑問がある。

　刑法が前提とする「法規範」は、あくまで人に向けられた「行為規範」とみるべきである。法規範は法益秩序の維持を目的とするものではあるが、あくまでそれは人に法益秩序を害する行為を禁じる「行為規範」と解すべきである。法規範を人の「意思決定」自体を規律するものとみるのは、法規範の規律範囲を不当に拡張するものといわねばならない。いかなる意思決定をしようと「法益侵害行為」に出ない限り、違法判断は成立しないと解すべきである。そして「責任」は、法規範違反そのものではなく、法規範違反の違法行為をした者に対する「非難可能性」とみるべきである。また客観的違法論によれば、法益保護状態を悪化させる洪水などの自然現象も法規範に違反し違法ということになるが、法規範は、あくまで人に向けられたものと解すべきであり、一定の法益状態が望ましくないとの評価は法規範の内容それ自体ではなく、法規範による行為規律の根拠となる法の前提的評価にほかならないと解することで足りる。

　違法性をめぐっては、「行為無価値か、結果無価値か」が問題とされることもある。上述のように、違法性じたいは、行為の法規範違反性であり、まさに「行為無価値」といわねばならない。しかし、行為が違法とされる理由に照らせば、その評価根拠は行為の社会倫理違反などではなくあくまで行為の法益侵害結果すなわち「結果無

価値」にある。前者は違法性判断自体の性質論であり、後者はその根拠論である。違法論としては両者を区別しつつ多角的考察を必要としよう。従来の議論ではこの区別が必ずしも明確でなく直結される傾向があった。

c．有責性（責任）

違法性が行為についての法規範の「不許容」評価であるのに対して、責任は、法規範違反の違法行為をした者に対する「非難可能性」である。したがって、厳密には「行為」に対する評価というより、「行為者」に対する評価である。責任は、「規範的」責任と呼ばれることもあるが、責任じたいが規範違反だという意味ではなく、規範違反についての責任という意味でそう呼ばれうるにすぎない。構成要件論的体系をとる団藤は、責任評価の根拠として「犯罪行為」の主体性を強調する。しかし、前述のように「非難可能性」を基礎づけるのは、「違法行為回避」の「可能性」である。違法行為を回避できたのに回避しなかった（出来たのにしなかった）がゆえに、違法行為者は非難されうるのである。これは、違法行為回避の「期待可能性」ということもできる。伝統的刑法学でも、この期待可能性は責任論で重視されてきた。伝統的に刑法学上「期待可能性」とは別個に論じられる「責任無能力」も、行為者の能力面で「期待可能性」が欠如し責任が否定される場合とみることができよう。

d．可罰性

違法・有責な行為であっても、直ちに行為者処罰の相当性が認められるわけではない。その典型例が、前述の「罪刑法定主義」の充足である、立法者が予め法律上明示した「犯罪類型」に行為が該当

しない限り、違法・有責行為者の処罰は認められない。

　また、刑罰の過酷性に鑑みれば、法益侵害性の軽微な違法行為については、処罰が不相当となる場合がありえよう（謙抑主義）。伝統的犯罪論で、「可罰的違法性」として論じられてきた問題である。

　可罰性の問題は、伝統的刑法学によって「違法論」や「責任論」の中で論じられてきた。しかし可罰性は、これらの「規範的評価」とは次元を異にする処罰相当性の評価であり、それ自体を「可罰評価」の問題として真正面から論じるのが妥当である。

　可罰性は、国家の「処罰適格」を問題とするものということもできる。その意味で、「罪刑法定主義」、すなわち処罰の対象となる行為が法律上「犯罪類型」として行為前に予め明示されていることは、「可罰性」の不可欠の要素といわねばならない。また、いわゆる犯意誘発型の「おとり捜査」による犯行なども、私人が犯行を教唆したときには被教唆者が実行犯として処罰されることに照らせば、「おとり」により陥れられた者を可罰的違法性や期待可能性の理論によって犯罪でないとすることは難しい。しかし、国家が一方で犯人を作り出し他方でこれを処罰するというのは、やはり正義に反するといえる。「実体的デュープロセス」は、かかる場合の不処罰をも要求するものとみるべきである。

3　犯罪の認定要件論

　以上の評価が妥当する「犯罪事実」を、いかにして認定するか。「認定論的犯罪論」の問題である。ここでは、犯罪事実の「構成要件」と「阻却事由」の対置が重要である。刑罰法令の規定も、この区別を意識して定められているといえよう。すなわち、「○○の行為は、

××の刑に処する」とする規定と「△△の行為は罰しない」とする
規定の対置である。

「犯罪類型」に該当する行為は「原則」として処罰し、後者の規定
に該当する事由があるときは、「例外」的に処罰しないとする「構成
要件・阻却事由」対置の体系である。

一般に裁判所の事実認定は、「自由心証主義」に基づき「証拠と弁
論の全趣旨」を考慮して行われる（総合認定・民訴§247参照）。しかし、
「犯罪類型」に該当する行為は、「罪刑法定主義」の要請の充足を示
す重要な事実であり、これについてはとくに個々の「証拠」に基づ
く「厳格な証明」を要する（刑訴§317）。これに対して、違法阻却・
責任阻却・可罰性阻却等を導く諸事実すなわち「阻却事由」につい
ては、一般原則に基づき、訴訟手続上被告人が積極的に主張・立証
しないなどの事情、すなわち「弁論の全趣旨」をも考慮して裁判所
がその不存在を確信するなら、「犯罪事実」の認定が許されるのであ
る。もっとも、いずれにせよ有罪認定のためには、裁判所が「犯罪
事実」の存在（「構成要件該当事実」の存在と「阻却事由」の不存在）につい
て「確信」を抱く必要があることに、注意する必要がある。

4　おわりに

以上、要するにわれわれは、何よりもまず、犯罪評価構造論を、
それ自体純粋に突き詰めるとともに、その評価を基礎づける要件事
実を解明する必要がある。犯罪評価と関連性のない事実は、犯罪要
件事実としての資格を欠く。そのうえで、犯罪評価要件事実の認定
構造論を検討するというのが、理論的に相当な検討順序といえよう。
評価構造論抜きの要件事実論は、確固たる理論的基礎を欠くものと

いわねばならない。このようにして、要件事実論を基本視点とする
伝統的犯罪論には、根本的疑問がある。実体的犯罪論の核心は、む
しろ犯罪評価構造論と評価要件事実論の検討にこそある。犯罪成立
要件事実認定構造論は、これを踏まえて要件事実の訴訟的認定手続
との媒介項を解明しようとするものにすぎない。このようにして、
われわれは、犯罪論の展開に当たり、二元的犯罪論に立つ必要があ
るといえよう。

著者紹介

鈴木茂嗣（すずき しげつぐ）

昭和12年	東京に生まれる
昭和36年	京都大学法学部卒業、同助手
昭和39年	神戸大学助教授
昭和46年	京都大学助教授
昭和50年	京都大学教授
昭和55年	京都大学法学博士
平成13年	京都大学名誉教授・近畿大学教授
平成20年	近畿大学定年退職
平成25年	日本学士院会員

主要著書

『刑事訴訟法を学ぶ』（共編）（有斐閣、昭52）
『刑事訴訟の基本構造』（成文堂、昭54）
『刑事訴訟法』（青林書院、昭55）
『注解刑事訴訟法(上)(中)(下)〔全訂新版〕』（共著）（青林書院、昭57〜62）
『刑事訴訟法の基本問題』（成文堂、昭63）
『続・刑事訴訟の基本構造［上巻］』（成文堂、平8）
『続・刑事訴訟の基本構造［下巻］』（成文堂、平9）
『刑法総論［犯罪論］』（成文堂、平13）
『刑法総論［第2版］』（成文堂、平23）
『犯罪論の基本構造』（成文堂、平24）

二元的犯罪論序説［補訂2版］

2015年11月20日　初　　版第1刷発行
2019年10月20日　補　訂　版第1刷発行
2022年11月20日　補訂2版第1刷発行

著　者　鈴　木　茂　嗣
発行者　阿　部　成　一

〒162-0041　東京都新宿区早稲田鶴巻町514
発　行　所　株式会社　成　文　堂
電話03(3203)9201(代)　　Fax 03(3203)9206
http://www.seibundoh.co.jp

製版・印刷　三報社印刷　　　　　　　製本　弘伸製本
© 2022 S. Suzuki　　Printed in Japan　　検印省略
ISBN978-4-7923-5378-0　C3032

定価(本体2,700円＋税)